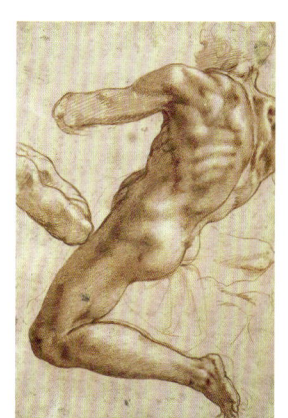

艺术人生系列

Michelangelo
米开朗琪罗

[意]恩里卡·克里斯皮诺 著
朱旭玲 译

陕西新华出版传媒集团
太白文艺出版社

目　录

1475—1495　天才是这样炼成的　　7
　　　　家庭背景，幼年和学徒时期
　　　　豪华者洛伦佐时代的佛罗伦萨
　　　　圣马可花园
　　　　文艺复兴时期的古老崇拜
　　　　佛罗伦萨和罗马的古典主义神话
　　　　佛罗伦萨早期的作品

1496—1506　早期的代表作　　33
　　　　15世纪后期米开朗琪罗在罗马
　　　　梵蒂冈《圣殇》
　　　　佛罗伦萨共和国
　　　　《大卫》
　　　　《圣家族圆形画》和《卡辛那之战》

1507—1512　西斯廷礼拜堂：第一幕　　77
　　　　尤利乌斯二世统治下的罗马
　　　　西斯廷礼拜堂天顶画

1513—1534　在佛罗伦萨的最后岁月　　101
　　　　美第奇礼拜堂和《四囚徒》
　　　　米开朗琪罗与风格主义

1535—1564　《最后的审判》那些年　　125
　　　　16世纪中期的罗马
　　　　《最后的审判》
　　　　建筑师米开朗琪罗
　　　　最后的《圣殇》

　　地名索引　　150
　　人名索引　　153
　　年表　　157
　　参考书目　　161

◀ **半人马之战**（1490—1492）
局部
佛罗伦萨，米开朗琪罗故居博物馆

1475—1495
天才是这样炼成的

家庭背景，幼年和学徒时期

人们对米开朗琪罗生平事迹的了解主要是通过两本传记，均写于大师在世期间，一本是由乔治·瓦萨里（Giorgio Vasari）撰写，出版于1550年（1568年重印）；另一本是由阿斯卡尼奥·孔迪维（Ascanio Condivi）撰写，出版于1553年。孔迪维是米开朗琪罗的学生，他声称自己的传记绝对真实可靠，因为他是在大师的直接监管下写作的。书中有关米开朗琪罗生平的更多信息来源于大师的亲戚所提供的他们与大师往来的多封书信，而孔迪维表示他至今仍与这些亲戚保持着密切联系。

1475年3月6日，在意大利阿雷佐市的卡普雷赛镇，米开朗琪罗诞生了。他的父亲洛多维科·迪·莱昂纳多·博纳罗蒂·西蒙尼是本镇及邻镇丘西镇的地方行政长官，但是此时任期即将届满，因此不久之后，米开朗琪罗全家便搬回了祖籍地佛罗伦萨。

随后，由于博纳罗蒂家族在佛罗伦萨附近的塞蒂尼亚诺村（Settignano）拥有产权，年幼的米开朗琪罗便被送往此处抚养。塞蒂尼亚诺村以采石、凿石而闻名，小米开朗琪罗由奶妈哺育长大，她是石匠的妻子。米开朗琪罗后来曾说，正是这里的养育，使他吮吸了雕刻艺术的乳汁。然而，仅凭这一点尚不能说明这里产生了一位雕塑天才。

米开朗琪罗在刚刚开启他的艺术生涯之时遭到了父亲的强烈反对。1481年，洛多维科·博纳罗蒂的妻子弗朗西斯卡·奈里·迪·塞尔·米尼亚托·德尔·锡耶纳不幸去世，

为了儿子的教育,他将 6 岁的米开朗琪罗送入由弗朗西斯科·达·乌尔比诺(Francesco da Urbino)开办的语法学校就读。米开朗琪罗在那里学会了读书写字,但是他对希腊语和拉丁文没什么兴趣,于是他最终成功说服父亲,全身心地将自己奉献给了艺术。

米开朗琪罗的第一幅绘画作品可能是在他父亲位于塞蒂尼亚诺村的家中发现的一幅男子画像。尽管在今天看来,一个十三四岁的小男孩绝对不可能掌握如此精湛的绘画技艺,但是在 15 世纪的欧洲,少年早慧的情形非常普遍,比如达·芬奇·达·芬奇(Leonardo da Vinci),再如文学领域的安格诺罗·波利齐亚诺(Agnolo Poliziano),他是洛伦佐·德·美第奇(Lorenzo de' Medici)的宫廷诗人。

然而,并没有文字记载米开朗琪罗雕刻艺术的培训过程,而更加奇怪的是,他似乎也没有遵照当时的传统,在某位雕刻师的工作室干过活儿,也没有进行过任何合作。与学习雕刻相关的信息只有一条,那就是在 1489 年至 1492 年,这位年轻的大师在佛罗伦萨的圣马可修道院的花园(现今已不复存在)待过,那里存放着豪华者洛伦佐收藏的古代雕塑珍品。出于这个原因,米开朗琪罗的雕塑老师被认为很有可能就是青铜雕塑家贝托尔多(Bertoldo),他是多纳泰罗的学生,当时在圣马可花园管理这些藏品。

与学习雕塑不同的是,米开朗

左图
贝勒罗芬与飞马珀伽索斯(1481—1482)
贝托尔多·迪·乔万尼
维也纳,艺术史博物馆

右图
马背上的赫拉克勒斯(1473?)
贝托尔多·迪·乔万尼
摩德纳,埃斯滕泽画廊

左图
圣安东尼的诱惑
（约1470）
马丁·施恩告尔
纽约，大都会艺术博物馆

右图
圣安东尼的诱惑
（1487）
吉兰达约工作室
（少年米开朗琪罗？）
沃斯堡（得克萨斯州），金贝尔艺术博物馆

琪罗学习绘画的学徒经历有清晰的记载。

米开朗琪罗有一位朋友叫弗朗西斯科·格拉纳奇（Francesco Granacci），他比米开朗琪罗大6岁，当时已经是多米尼克·吉兰达约（Domenico del Ghirlandaio）的学生了，通过他的介绍，米开朗琪罗得以进入由多米尼克、戴维兄弟俩合办的工作室学习。那年是1488年，米开朗琪罗13岁。他们的合约期限是3年。但也许是因为和老师之间不和，米开朗琪罗在这里工作不到一年就离开了。

在吉兰达约兄弟那里，米开朗琪罗主要学习绘画，他临摹佛罗伦萨近代大师级画家的作品，比如乔托和马萨乔。不仅如此，有一幅绘画作品显示，他也临摹外国艺术家的作品，这幅画作是米开朗琪罗以马丁·施恩告尔（Martin Schongauer）的版画作品为样板绘制而成的，现已失传。

此外，也许多亏了吉兰达约兄弟这些年从事佛罗伦萨的新圣母玛利亚教堂（Basilica di Santa Maria Novella）唱诗班的装饰工作，使得米开朗琪罗第一次接触到湿壁画技法。

随后，在1489年，有一个对他来说至关重要的会议，使他在圣马可花园与豪华者洛伦佐不期而遇。

左图
佛罗伦萨美第奇-里卡迪宫

右图
豪华者洛伦佐半身像（约1492）
安德烈·德尔·韦罗基奥
华盛顿，国家美术馆

豪华者洛伦佐时代的佛罗伦萨

1469年，洛伦佐·德·美第奇成为佛罗伦萨的统治者，他的政治和外交才能卓越，被人们尊称为"豪华者"。同时，他还大力资助艺术，从而成为15世纪佛罗伦萨和意大利文艺复兴时期的标志性人物。

洛伦佐出生于1449年，是皮耶罗·德·美第奇（Piero de'Medici）和卢克雷齐娅·托纳波尼（Lucrezia Tornabuoni）的儿子，老科西莫（Cosimo）——美第奇王朝的缔造者——的孙子。由于父亲早逝，洛伦佐年仅20岁就执政掌权，承袭了一个局部还不太稳定的政局，正如1478年的帕齐阴谋所证明的那样，最终他强有力地稳固了美第奇政权。紧随着祖父和父亲的脚步，洛伦佐并没有公开以佛罗伦萨政府政治首脑的身份出现。美第奇家族的人总是偏好从"幕后"进行操控。科西莫、他的儿子皮耶罗以及孙子洛伦佐，他们一直都扮演着普通公民的角色，至多也就是"护民官"的头衔。但实际上，美第奇家族从各个方面都成为佛罗伦萨的主宰。尽管晚于其他意大利的市政府——由美第奇家族统治着的佛罗伦萨依然宣称自己是一个共和国。但是这共和制的建制实际上徒有其表，内里中空，最重要的职位都由美第奇家族的亲朋好友和忠实的支持者们占据着。即

在哲学家和文人雅士簇拥下的豪华者洛伦佐
（1555—1562）
局部
乔治·瓦萨里
佛罗伦萨，维奇奥宫

便是米开罗佐为科西莫在拉尔加路（如今的加富尔路）建造的宫殿也间接证实了这个家族故意保持低调的意图，这座宫殿其后由洛伦佐继续居住。

根据最初的工程来看（数个世纪以来几经修缮，尤其是在17世纪），这处居所有意建得不比当时佛罗伦萨传统大家族的宫殿更庞大、更豪华。事实上，与之类似规模的或者更加宏伟的宫殿紧随其后拔地而起，比如斯特罗齐宫和皮蒂宫，它们的委托人跟这位"国父"相比，财力相当，甚至更加富有。美第奇家族15世纪在佛罗伦萨所建的宫殿与乌尔比诺公爵府或者曼托瓦的城堡完全不同。

在洛伦佐的统治下，托斯卡纳大区达到了鼎盛时期，其经济和文化在意大利乃至整个欧洲都占据了主导地位。一方面，洛伦佐统治的佛罗伦萨成为主要的金融和商业中心之一（尽管美第奇家族的银行业在"豪华者"洛伦佐时代已经开始衰落）；另一方面，佛罗伦萨成为意大利文艺复兴的摇篮，是文艺复兴文化辐射区的中心。

洛伦佐在这种至高无上的统治地位的建立过程中起了关键作用，主要体现在两个方面。首先，他的外交手腕使得15世纪下半叶的意大利半岛空前繁荣，和平发展。他伟大的才能使他成为意大利多个好战城邦之间的调和剂，保障了半岛政治上的平衡。意大利政治就像是"天平上的一根针"，随时都有可能失去平衡，考虑到这个原因，洛伦佐在世时也先发制人地解除了外邦干预的危机。其次,他大力资助艺术,使得佛罗伦萨的艺术空前繁荣,达到了当时的最高水平。作为一位学者、诗人、著名的圣马可花园珍贵文物和古代雕塑的收藏家、艺术新秀的孵化者,洛伦佐极大地推动了文学和艺术事业的发展。

不少知名人物都在他的宫廷里生活和工作,比如路易吉·浦尔契(Luigi Pulci)、波利齐亚诺、马斯里奥·费奇诺(Marsilio Ficino)、克里斯托弗罗·兰迪诺(Cristoforo Landino)和皮科·德拉·米兰多拉(Pico della Mirandola)。在他执政期间,当时最伟大的艺术家都为他工作,其中一些人几乎就像是洛伦佐的文化大使一样走访意大利的其他宫廷:波提切利(Botticelli)——代表一个时代文化的领军人物,波拉约洛(Pollaiolo)、安德烈·德尔·韦罗基奥(Andrea del Verrocchio)、吉兰达约、青年的达·芬奇以及被"豪华者"留在身边、和他一起住在拉尔加路的宫殿里的少年米开朗琪罗。

然而,作为一位赞助人,洛伦佐并没有通过哪幅举世公认的杰作或是哪项伟大的事业而被人们所铭记,唯一的例外也许就是朱利亚诺·达·桑加罗(Giuliano da Sangallo)为他设计建造的位于波吉奥·阿·卡伊阿诺的豪华别墅。更令人难以置信的是,在洛伦佐鼎盛时期创作的那些杰作,比如波提切利的《春》和《维纳斯的诞生》(约1482—1484)并非为他所画,有可能是为他的堂兄洛伦佐·迪·皮尔法兰斯科(Lorenzo di Pierfrancesco)所画。洛伦佐·德·美第奇于1492年去世,享年44岁,那一年人们发现了美洲大陆——这两个大事件似乎标志着一个旧时代的终结和一个新时代的诞生。

豪华者洛伦佐半身像

(1533—1534)
局部
乔治·瓦萨里
佛罗伦萨,乌菲兹美术馆

艺术及其委托人

洛伦佐周围出现了一个界定明确、组织良好的知识分子圈子，这个圈子和15世纪意大利其他宫廷里形成的那些圈子类似，它的出现为时代注入了一种新的元素，使得艺术作品的委托方由公共机构和宗教团体转为当时的统治者和城邦里最显赫的家族。如此一来，在领主的统治下，艺术家本质上成为宫廷艺术家，直接为当地的统治者工作，越来越多地居住在统治者的官殿里。同时，这些艺术家基本不再接受社会团体的委托，或者接受城里几大同业公会的资助创作作品，尽管到15世纪初期这些社会团体和同业公会还是艺术家主要的委托方——比如"天堂之门"（Door of Paradise）就是其中最著名的作品之一，这是吉贝尔蒂（Ghiberti）接受佛罗伦萨羊毛同业公会（the Florentine Baptistery）的指令，为佛罗伦萨洗礼堂雕刻的作品。在美第奇家族的统治下，艺术作品的委托越来越变成统治者本人及其家族的特权以及其他几大家族的特权：斯特罗齐家族（Strozzi）、孔蒂家族（Gondi）、萨塞蒂家族（Sassetti）、托纳波尼家族（Tornabuoni）和斯卡拉家族（Scala）。即便是为诸如教堂这样的公共建筑物所创作的作品，他们也总是把其中的家族礼拜堂装饰得充满贵族气息，以此来展现委托人的声望：比如吉兰达约为圣三一教堂的萨塞蒂家族礼拜堂和新圣母玛利亚教堂的托纳波尼家族礼拜堂所绘制的湿壁画。

当时越来越多的作品被运往私人官殿和私家别墅，从1450年开始这些官殿和别墅的数量也越来越多，这从画于1470年的城市规划图中已经可以看出，画中城市里密布的塔尖比碧加洛凉廊画于1342年的湿壁画中的少了许多。碧加洛凉廊里幸存下来的这幅湿壁画上布满了密密麻麻的塔尖，这可能是现存画作里能看到的最古老的佛罗伦萨风景了。还有，如今依然可以看到的由贝诺佐·戈佐利（Benozzo Gozzoli）在1495年所绘制的著名的《三王来朝》（Cavalcata），存于美第奇官的贤士小圣堂（Magi Chapel）。众所周知，在洛伦佐时代，他一楼的房间里挂满了富丽堂皇的装饰画，其中有保罗·乌切罗（Paolo Uccello）所绘制的《圣罗马诺之战》（The Battles of San Romano），一共三幅，如今已被拆分开来，分别存于佛罗伦萨乌菲兹美术馆、伦敦国家美术馆和巴黎罗浮官内。

圣罗马诺之战（约1438）
局部
保罗·乌切罗
佛罗伦萨，乌菲兹美术馆

与洛伦佐·德·美第奇在圣马可花园的相遇

尼禄的印章（公元前1世纪）
狄奥斯库瑞德
那不勒斯，国家考古博物馆
*洛伦佐藏品中的红玛瑙宝石

大约在1489年，14岁的米开朗琪罗被同在吉兰达约工作室当学徒的好朋友弗朗西斯科·格拉纳奇带到了圣马可花园。在那里，他结识了其他由于自身的天赋而获准进来研究美第奇家族收藏的令人叹为观止的艺术藏品的年轻人。这些人中有雕塑家彼得罗·托利贾尼（Pietro Torrigiano）、乔万·弗朗西斯科·鲁斯蒂奇（Giovanfrancesco Rustici）、巴奇欧·达·蒙特卢波（Baccio da Montelupo）、安德烈·桑索维诺（Andrea Sansovino），画家尼科洛·索吉（Niccolò Soggi）、洛伦佐·迪·克雷蒂（Lorenzo di Credi）和朱利亚诺·布吉阿迪尼（Giuliano Bugiardini）（追溯至70年代，可能还有青年达·芬奇·达·芬奇）。在圣马可花园，米开朗琪罗发现自己从事雕刻事业的真正使命。这里是米开朗琪罗命运的转折点，一次意外的好运将这位天才少年带到了"豪华者"的直接庇护之下。在有关这位雕塑家少年时期的记录资料中最有名的桥段之一就是关于洛伦佐和米开朗琪罗相遇时的趣闻逸事。当时，正在花园里闲庭信步的洛伦佐·德·美第奇注意到了一个用大理石雕刻的牧神头部像。这是少年米开朗琪罗照着一座古代雕像仿制的，这座古代雕像表现的是一位正在打喷嚏的老牧神，但是由于岁月的摧残，已经残缺不全了。"豪华者"被深深地吸引了，不过旋即他温和地取笑了这位年少的艺术家，因为这座老牧神雕像的牙齿完整无缺，显得过于完美。洛伦佐把米开朗琪罗叫到跟前，开玩笑地对他说，考虑到这位老牧神的年纪，他应该掉了几颗牙齿了。据孔迪维的记述，在洛伦佐离开后，手艺已经纯熟的米开朗琪罗立即修改了他的作品。他凿掉了雕像的一颗牙齿，并且在其牙龈上钻洞，看起来像是被树根绊倒，磕掉了牙齿。

与此同时，他的好运也来了。洛伦佐回来后对作品表示了肯定，他很高兴地去找米开朗琪罗的父亲谈话，随后将米开朗琪罗接到了位于拉尔加路的府邸，与自己及自己家人共同生活。米开朗琪罗坐在洛伦佐的孩子们中间，与洛伦佐同桌用餐。对米开朗琪罗而言，这意味着他与文化氛围浓厚的洛伦佐官廷建立了密切的联系：洛伦佐的孩子们的老师波利齐亚诺，费奇诺和贝尼维耶尼（Benivieni），还有皮科·德拉·米兰多拉。这也意味着他通向了美第奇宫艺术品和珍宝的圣殿，这里有红玉、浮雕宝石以及其他精雕细琢的半宝石，还有徽章以及其他"豪华者"收藏的各种奇珍异宝，这些都对米开朗琪罗产生了决定性的影响。米开朗琪罗雕刻的这尊牧神像现今已无迹可寻，但是有人曾指出在佛罗伦萨的巴杰罗国家博物馆保存的一副面具是据此临摹而成的，但是这副面具如今也已经遗失。

"牧神"头部像的仿制品
佛罗伦萨，米开朗琪罗故居博物馆
* 曾保存于巴杰罗国家博物馆，被认为出自米开朗琪罗之手，现今已遗失

萨提儿半身像（15世纪末期）
水平接近于贝托尔多和米开朗琪罗的某大师
佛罗伦萨，巴杰罗国家博物馆

圣马可花园

如今已无迹可寻的圣马可花园曾经坐落于与其同名的修道院旁边，米开朗琪罗最早就是从这里进入雕塑世界的。它的所在地位于拉加尔路（如今的加富尔路），是美第奇势力范围的中心地带，这里矗立着美第奇宫，旁边就是修道院，这座修道院的声名来源于美第奇王朝的缔造者老科西莫一世。圣马可花园与豪华者洛伦佐的名字紧密相连。在这个空间里，他创造了一个令人叹为观止的藏品世界，包括各种雕塑和古代碑文（也有15世纪当世的作品），他准许年轻的艺术家们来研究它们。这座花园位于美第奇家族的一处房产后面。相关资料也提及了一所花园内有"凉亭""房间"和"厨房"的房子。到1475年，这个地方也常常轮换着被用作剧院、修缮工作室和风景区。根据15世纪的资料，尤其是瓦萨里的描述，认为圣马可花园是早期的专科学院。但是从最古老的文献资料来看，这种说法似乎有些牵强附会。瓦萨里如此强调洛伦佐这座花园的功能，很有可能是为了把它塑造成1563年在科西莫一世大公的授意下建造而成的艺术学院（Accademia del Disegno）的前身。事实上，圣马可花园既不像专科学院，也不像工作室，更像是一个培养人才的孵化基地。用通俗的说法，就是提供一个催人奋进的环境，在这里，年轻人可以从宏伟壮丽的古代艺术品中和藏品管理者——多纳泰罗的学生贝托尔多——那里获得灵感。这座花园也是洛伦佐传播和推行其文化政策的重要的中心地。这个"能人志士的孵化基地"对"豪华者"来说一定非常重要，他似乎习惯性地以薪水和奖金的形式资助经常出入花园的年轻人。

现今的佛罗伦萨圣马可广场一角

* 右侧柏树所在的地方，曾经是美第奇家族的花园

佛罗伦萨的艺术家工作室

在文艺复兴时期的佛罗伦萨，工作室是用来培养艺术家的场所。不过，如果工作室是一位认可度较高的艺术大师开办的，那么它也可以变成一门有利可图的生意。这些大师是作品委托人所期待的高品质的保证。学徒们在大师的直接指导下协助大师进行工作，创作了不少复杂的作品，比如大型湿壁画组图和艺术作品。

学徒大约10岁就要到工作室学习。在学徒期的第一年，学徒被要求学习最基础的技术知识。最初，学徒的任务几乎只是画画：用银笔或墨水在白纸上画画，或者在彩色纸上画蛋彩画。教学不是着眼于理论知识，而是更注重实际成效，也就是在尽可能短的时间内，使学徒达到能在大师身边展开工作的水平。典型的工作室并不提供某项特定艺术技艺的资质，而是让学徒精通各种宽泛的技术——构图、绘画、雕刻以及制金术。1488年，米开朗琪罗得以进入当时最有名的工作室之一——吉兰达约工作室学习。佛罗伦萨有很多家类似的工作室，比如科西莫·罗塞利（Cosimo Rosselli）工作室是其中最重要的一家，很多知名艺术家都在此当过学徒，包括皮耶罗·迪·科西莫（Piero di Cosimo）、弗拉·巴托洛梅奥（Fra Bartolomeo）和马里奥托·阿尔贝蒂内利（Mariotto Albertinelli）。

再如，15世纪末的工作室中最著名的一家是安德烈·韦罗基奥工作室（1435—1488），他的学生包括达·芬奇·达·芬奇、彼得罗·佩鲁吉诺（Pietro Perugino）、波提切利和洛伦佐·迪·克雷蒂。15世纪下半叶同样重量级的工作室有由安东尼奥·德尔·波拉约洛（Antonio del Pollaiolo）和皮耶罗·德尔·波拉约洛（Piero del Pollaiolo）两兄弟开办的工作室。

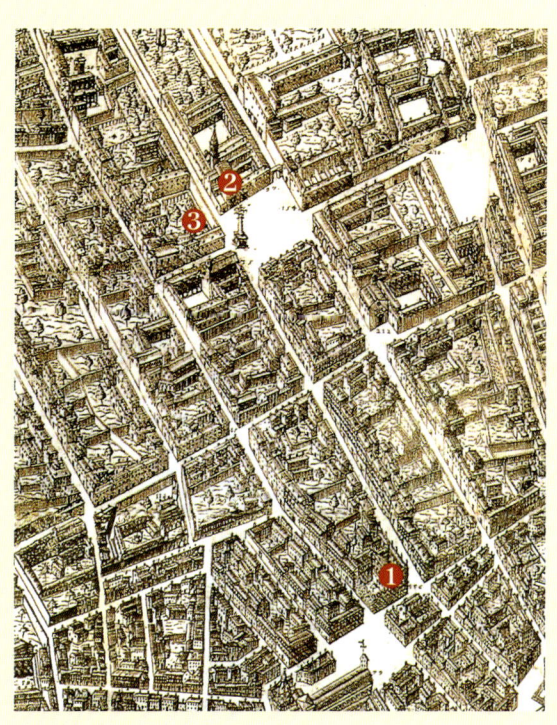

佛罗伦萨规划（1584）
局部
（1. 美第奇宫；2. 圣马可广场；3. 美第奇家族花园）
斯特法诺·邦西尼奥里

艺术人生——米开朗琪罗

文艺复兴时期的古老崇拜

瑞士学者雅各布·布克哈特（Jacob Burckardt）在 1860 年写了一篇非常有名的论文，创造性地提出了"文艺复兴"的概念：文艺复兴是 15 世纪和 16 世纪在意大利发展起来的一种感知艺术和创造艺术的新方法。

佛罗伦萨城里各种新思潮激荡，其中心是两股最为核心的思想——古典世界的复兴和透视法的有序应用。事实上，如果对 15 世纪和 16 世纪意大利艺术与文化状况进行深入剖析，会发现其更加多样化和复杂化，且依然保留着深刻的中世纪的印记。然而，一种对古代文物的激情和透视法的发现成为文艺复兴时期最显著的文化特征。

至于对希腊和罗马艺术的"复兴"，可以说，文艺复兴从根本上注重人文主义的遗产并将其带向成熟。这种人文主义思潮在 14 世纪就已经存在了，其代表人物是彼得拉克，他认为对人文主义文学的重新发现、研究和模仿是最高层次的文化环境的基本要素。

与人们的想象相反的是，这种重新发现的变革性的一面并不是重读经典著作。中世纪对古典文学显然并非一无所知，正如但丁对维吉尔的崇拜中所示。但是有了人文主义，人们从经典著作中所学到的东西以及对它们的解读就发生了改变，是当时文化观的彻底变革。在中世纪，人们实际上是带着那个时代基督教的世界观来阅读古代典籍的，从中读到的是其中所表达的宗教寓意。但是在文艺复兴时期的人文主义思想下，过去的种种典籍培养的是一种对人自身能力和人对历史起作用的脱胎换骨般的信任，这不仅仅成为艺术的典范，而且也成为生活本身的典范。

第一代人文主义者尤其如此，从科卢乔·萨卢塔蒂（Coluccio Salutati）到马泰奥·帕尔米耶里（Matteo

雕塑研习五法
（1480—1501）
尚蒂依，孔代博物馆

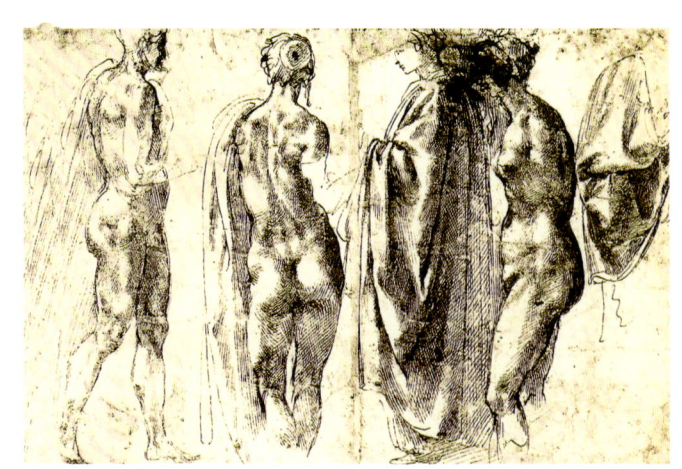

福音布道者圣约翰升天（约1490）
巴黎，罗浮宫
* 圣十字教堂乔托画作副本

Palmieri），再到吉安诺佐·马内蒂（Giannozzo Manetti）、莱昂·巴蒂斯塔·阿尔伯蒂（Leon Battista Alberti）、莱昂纳多·布鲁尼（Leonardo Bruni）、波吉奥·布拉乔利尼（Poggio Bracciolini）和洛伦佐·瓦拉（Lorenzo Valla），他们都有着很强的公民意识和政治使命感。

然而到了15世纪下半叶，人们将古典艺术视为"生活之师"且一味遵从的风气日渐衰落，对古典主义理想的追求主要是为了树立完美主义和绝对和谐的形式化模型，艺术和文化越来越偏向于精英主义、远离日常生活，达到知识分子价值观和现实生活之间急剧分裂的程度。

尽管对过去的呼声很高，但文艺复兴时期的艺术从来没有落入机械模仿的误区，也不是毫无营养价值可言的单纯怀旧。古典主义模式并不是照搬书中的陈词滥调，而是以此来激发当下如何采取行动的灵感，通过新的方式来表达当前关注的内容。对古代文物的仿制并不意味着制造赝品或者抄袭，更准确地说，它是一种效仿，以此来努力赶上杰出的先辈们，甚至超越他们。

当多纳泰罗、米开朗琪罗等雕塑家从古代雕塑作品中汲取灵感的时候，他们的目的并不是制造赝品，而是用现代的、原创的观念来雕刻作品。

文艺复兴时期的艺术所表达的精神确实是全新的，是前几个世纪的艺术发生决定性变化的标志。意大利文艺复兴时期的伟大技术和主题成就获得了极大的成功，并迅速蔓延至整个欧洲，成为之后不同时代的艺术家们极其宝贵的榜样。

佛罗伦萨和罗马的古典主义神话

米开朗琪罗在洛伦佐统治的佛罗伦萨接受了艺术培训,最初他也是在这座城市工作,后来搬到了教皇统治的罗马。这两座城市同为文艺复兴之都,各种新文化神话、新激情和新潮流蓬勃发展,如对古典主义的崇拜。15世纪初期意大利最杰出的第一代人文主义者就在佛罗伦萨和罗马生活与工作,比如布鲁尼、萨卢塔蒂、布拉乔利尼、菲莱福和瓦拉。纵观整个15世纪,佛罗伦萨都占据着至高无上的统治地位,是最重要的艺术和文化中心。大量古代典籍的重新发现使得古典文明散发出迷人的魅力,人文主义学者们不遗余力地搜集它们,并且满怀激情地收藏和研究它们。不仅如此,在艺术创作领域,有关古典世界的主题和风格特征遍地开花,从阿尔伯蒂和布鲁内列斯基的建筑到多纳泰罗的雕塑,从皮耶罗·迪·科西莫、波拉约洛和波提切利的神话绘画到波利齐亚诺的诗歌。上述后两位艺术家在豪华者洛伦佐的宫廷里是领袖人物,在那里,古典主义神

法尔内塞赫拉克勒斯
那不勒斯,国家考古博物馆
* 古罗马雕塑家模仿古希腊原件制作

话染上了新元素的色彩,并且受到马斯里奥·费奇诺哲学理论的影响。费奇诺是一名学者,同时也是一位柏拉图著作的追随者。他的思想的根本要义是要将基督教思想和柏拉图主义相融合。这就解释了为什么在洛伦佐圈创作的艺术作品中有大量的介绍是关于柏拉图主题的,也解释了一个最不同寻常的混杂现象,即虽然艺术作品的主题和表现对象均取材于古典作品,但是其所要表达的核心却是新柏拉图主义内涵。

这种潮流以波提切利的早期画作为代表,尤其是著名的《维纳斯的诞生》(*Birth of Venus*)和《春》(*Primavera*)。洛伦佐·德·美第奇本人就是一位古代文物和雕塑的狂热收藏家,这些作品被收藏在如今已经消失了的圣马可花园里,那里是少年米开朗琪罗最早被接纳的地方。到了 16 世纪,文化之都的统治地位从佛罗伦萨转移到了罗马。

在罗马的城市构造中随处可见过去的痕迹,有段时间不少人远道而来研究考察古代遗迹和古典主义纪念碑 [一个著名的例子是美第奇的一名随从贝尔纳多·卢彻莱(Bernardo Rucellai)于 1471 年去了罗马,

法尔内塞公牛
那不勒斯,国家考古博物馆

男子侧面半身像（约1500）
伦敦，大英博物馆

由莱昂·巴蒂斯塔·阿尔伯蒂当导游，随后他将罗马之行的具体情况报告给了洛伦佐·德·美第奇和其他朋友]。

16世纪的罗马城，收藏古代雕塑和古董变成了城里的有钱人、贵族以及教廷的习惯。比如尤利乌斯二世在梵蒂冈的"美景宫"的藏品和法尔内塞家族的藏品，拉开了浩浩荡荡的私家收藏的序幕。前者的藏品中包含最高级的作品，比如《阿波罗》（Apollo）和《拉奥孔》（Laocoon）；后者的藏品相对要弱一些，有雕塑《公牛》（Bull）群雕和《赫拉克勒斯》（Hercules）雕像。据当时的报道称，罗马的收藏家们匆忙扫货，几近疯狂，场面令人印象深刻。比如，据称枢机主教亚历桑德罗·法尔内塞（Alessandro Farnese）一夜之间订了700辆四轮马车，满载着古董运回他位于鲜花广场的宫殿。而且，15世纪和16世纪，在罗马找到了一些价值连城的古代典籍。比如，15世纪在圣彼得镣铐教堂（San Pietro in Vincoli）附近发现的《贝尔维德尔的阿波罗》（Belvedere Apollo）和在发掘尼禄金宫（the Domus Aurea）时发现的《拉奥孔》。后者在当时的罗马文化圈轰动一时，米开朗琪罗还是这些文物发现的见证者，他专程赶到现场目睹了这组著名雕像的出土。

佛罗伦萨早期的作品

在洛伦佐的圈子里，少年米开朗琪罗的才能快速成熟起来。圣马可花园里的经历，拉尔加路豪华者宫殿里的生活，在美第奇宫廷与艺术家和文人墨客的会议以及博学讨论，于1490年至1492年产生了早期的具有原创性的结果，即米开朗琪罗雕刻的两座大理石半浮雕：《台阶上的圣母》（Madonna of the Stairs）和《半人马之战》（Battle of the Centaurs）。

这两件"早期的作品"展现出米开朗琪罗强烈的个人风格，它们与佛罗伦萨当代其他雕塑家的作品完全不同，与韦罗基奥（Verrocchio,

十字架上的耶稣
（1492—1494）
佛罗伦萨，米开朗琪罗故居博物馆

1435—1488）、安东尼奥（约1431—1498）和皮耶罗·德尔·波拉约洛（1443—1496）、安德烈·桑索维诺（1470—1529）和雅各布·桑索维诺（Jacopo Sansovino, 1486—1570）的风格大相径庭，也与人们所猜测的他的两位老师贝奈德托·达·迈亚诺（Benedetto da Maiano, 1442—1497）和贝托尔多·迪·乔万尼（Bertoldo di Giovanni, 1420—1491）的风格截然不同。贝托尔多是圣马可花园美第奇家族古董和奇珍异宝收藏馆的馆长，他也曾是多纳泰罗的学生，因此米开朗琪罗很有可能是学到了多纳泰罗的"浅浮雕"（扁浮雕）技术，并将其运用在《台阶上的圣母》中。多纳泰罗经常使用这种技术，比如在《帕齐圣母》（Pazzi Madonna）（约1422）和《德尔·普利亚-达德利圣母》（Del Pugliese-Dudley Madonna）（约1440）这两幅类似的作品中，通过所雕刻人物的凹陷度和三维面来使它们略微浮现出来，这样看起来几乎还是扁平的，就像是被"嵌"到表面上一样。在1568年出版的《艺苑名人传》的第二版中，乔治·瓦萨里最先指出了多纳泰罗对米开朗琪罗画于1490

纳税银（1427）
局部
马萨乔
佛罗伦萨，卡尔米内圣母大殿布兰卡契教堂

马萨乔作品《纳税银》中的人物副本（1488—1495）
慕尼黑，铜版画陈列馆

年前后的《半人马之战》的影响。瓦萨里是科西莫·德·美第奇一世（后来成为大公）非常喜爱的艺术家，也是第一个重新提起这件作品的人，这件作品当时已经被米开朗琪罗的侄子列奥纳多·博纳罗蒂赠送给了科西莫。这位来自阿雷佐的不拘一格的艺术家这样描述道："我们的这位女士被米开朗琪罗之手雕刻在大理石半浮雕里，不足一臂之高。他当时还是个小男孩，很想模仿多纳泰罗的风格，他表现得太好了，这件作品看起来就像是出自多纳泰罗之手。"现在多纳泰罗对米开朗琪罗的恩情可以确定了。然而为什么在米开朗琪罗的时代，多纳泰罗依然被认为是15世纪最伟大的雕塑家呢？就《台阶上的圣母》而言，瓦萨里的观点是偏激的。技术原因毫无疑问是存在的，但也仅限于"浅浮雕"。米开朗琪罗的浅浮雕所欠缺的正是典型的多纳泰罗作品的严谨的透视法构图。这种区别很重要，因为它和其他元素共同展示了这两位艺术家在理念和表现价值上的巨大不同。多纳泰罗事实上是一位佛罗伦萨早期的艺术家。当时人们重新燃起了对人自身能力的信念，并

手持花环的丘比特（1489—1492）

贝奈德托·达·迈亚诺画室出品（被认为是米开朗琪罗所作）
* 在那不勒斯伦巴第的圣亚纳堂举行的"天使报喜"祭坛落成典礼

以此来衡量所有事物。他的作品是在一个充满激情和定论的时代产生的，这个时代发现并发展了透视法规则，根据人类理性的计量表进行写实，总体上成为整个文艺复兴艺术最基本的规则。而米开朗琪罗是在文艺复兴成熟期成长起来的，这个时期马斯里奥·费奇诺的哲学思想将一种描绘现实的精神宗教方法带回到重要的位置。显然米开朗琪罗不能避免使用透视法构图，至少在那个时期是不可避免的，但是他所坚持的艺术的基本信条中并不包含透视法构图的严格应用，相反，由于学习透视法的时间过长，着实让他有些恼火。对于他来说，对现实的表现从根本上说是象征的、精神的和神秘的。他的作品正在形成一种风格，以超乎寻常的色彩和同样非现实的、扭曲的、拉长的身体，将成为风格主义的序幕和前奏。

将米开朗琪罗的浅浮雕《台阶上的圣母》与多纳泰罗的圣母像相比，米开朗琪罗的想法也在构图和描绘肖像时存在着不同。在米开朗琪罗的浮雕中，玛利亚并没有将充满浓浓爱意的眼神投向她正在哺乳的儿子，而是看似陷入了深思；而且，

圣母与圣子（约1440）
多纳泰罗
伦敦，维多利亚和阿尔伯特博物馆

台阶上的圣母（约1490）
全图和局部
佛罗伦萨，米开朗琪罗故居博物馆

希律王的宴会（约1435）
多纳泰罗
里尔，美术博物馆

裸体之战（约1460）
安东尼奥·波拉约洛
基亚里（布雷西亚），莫西里-雷波西基金会

半人马之战（1600—1603）
被认为是彼得·保罗·鲁本斯所作
鹿特丹，伯依曼斯-范·波尼肯美术馆
* 来源于米开朗琪罗的同名作品

从反面勾勒了圣子，达到非同寻常的肖像画效果，他的肌肉是不对称的，他的身体像一个迷你版的赫拉克勒斯；最后，他扭转的动作充满了空间，这种方式已经与15世纪典型的风格相去甚远；然后，台阶上还有另外增加的元素，显然是有其象征意义的。无论是整个场景还是局部细节，都能找到用来阐释与指称的原型和来源。比如，圣子与古典主义雕塑《法尔内塞赫拉克勒斯》相比照，其具有象征意义的阶梯使人回忆起费奇诺的五层级理论（五层就如米开朗琪罗雕刻的台阶），他的这些爱的台阶连接着尘世与天堂。同样的例子可能会在费奇诺的好友多米尼克·贝尼维耶尼（Domenico Benivieni）1495年创作的一部作品中找到，作者在《以玛丽名义之上的台阶上的精神生活》(Stairs of Spiritual Life above the Name of Mary)中，将以玛丽名义所写的五封信比作五级台阶。

米开朗琪罗于1490年至1492年雕刻的《半人马之战》也被用一种新柏拉图主义的观点来阐释。基于此，这幅作品代表了一种"精神的抗争"，动物和由各种精神构成的灵魂之间的战争。孔迪维在他的传记中指出，是洛伦佐圈子里的名人波利齐亚诺建议这位年轻的雕刻家选择这个古典主义的主题的，这反映了典型的美第奇文化氛围中对古代文物的喜爱。也许米开朗琪罗大体上被认为是受到前辈们的启发而产生的灵感，比如《半人马之战》是受到人们推测的他的老师贝托尔多的启发，或者是受到比萨墓地里古罗马石棺的启发。但是，他的作品已经显示出一种浓厚的个人印记，这位年轻的天才在对模仿对象的选择上并不随波逐流，而是展现出完全的自主性，他的作品风格比原作——乔凡尼·皮萨诺（Giovanni Pisano）为比萨洗礼堂设计的大理石讲道坛——更加成熟。

据孔迪维的回忆，浮雕作品《得伊阿尼拉遭凌辱以及与半人马开战》(Rape of Deianira and the Fight of the Centaurs)的主题，看起来主要是给雕刻家提供了一次对裸体进行透彻研究的机会。从各个方位对缠绕的躯体进行描绘，为艺术家此后的整个艺术生涯提供了无尽的技能。

由于不仅缺少详细的背景介绍，而且没有边框，《半人马之战》被认

石棺上的战争场景(公元 2 世纪)
罗马雕刻家
比萨,公墓

为是米开朗琪罗首部"未完成"的作品。孔迪维提到,这部作品是在1492年4月洛伦佐去世的时候完成的,但是他并没有解释这部作品应该被认为是艺术家故意"未完成"的,还是由于洛伦佐的去世而中断的,因为当时米开朗琪罗备受打击,离开美第奇宫,回到父亲家中。最后,艺术家青少年时期的作品还包括一件彩绘的木制作品《十字架上的耶稣》(Crucifix),尽管它的贡献对米开朗琪罗是有争议的。

这件作品是独一无二的,人们所知的他的雕刻作品中没有其他木制作品了。它有可能是在1492年4月至1494年10月在某个地方雕刻的,时间跨度正是从洛伦佐的去世到米开朗琪罗逃离佛罗伦萨,也就是美第奇家族被驱逐出佛罗伦萨的几周前。

耶稣的人物形象显然受到解剖学知识的影响,而这些知识并非纯粹是学术性的。正是在1492年至1494年,艺术家在圣灵教堂修道院主持一项解剖学研究项目,修道院院长给他一个房间用来解剖在修道院医院去世的人的尸体。

有趣的是,与多纳泰罗雕刻的现存于圣十字教堂的木制作品《耶稣受难》相比,米开朗琪罗的彩绘作品《十字架上的耶稣》的风格似乎是受到吉罗拉谟·萨伏那罗拉(Girolamo Savonarola)布道的影响,强调耶稣脆弱无助、手无寸铁的一面。

裸体之战（约1460）
安东尼奥·波拉约洛
基亚里（布雷西亚），莫西里-雷波西基金会

半人马之战（1600—1603）
被认为是彼得·保罗·鲁本斯所作
鹿特丹，伯侬曼斯-范·波尼肯美术馆
* 来源于米开朗琪罗的同名作品

半人马之战（1490—1492）
佛罗伦萨，米开朗琪罗故居博物馆
* 阿斯卡尼奥·孔迪维提及的浮雕作品得伊阿尼拉遭凌辱以及与半人马开战（1553）；乔尔乔·瓦萨里提及的浮雕作品赫拉克勒斯与半人马之战（1568）。

◀ **圣家族圆形画**（1503—1504/1506—1507）
局部
佛罗伦萨，乌菲兹美术馆

1496—1506
早期的代表作

15世纪后期米开朗琪罗在罗马

米开朗琪罗第一次驻足罗马始于1496年，那时他刚刚21岁出头。他离开了吉罗拉谟·萨伏那罗拉的佛罗伦萨共和国，动身前往教皇统治的罗马，当时的罗马教皇是亚历山大六世，也就是罗德里戈·博尔吉亚（Rodrigo Borgia），他正遭受天主教托钵修会会士的严厉攻击，仅一年之后博尔吉亚教皇就予以还击，驱逐多明我会修士。

而这位未来之星，罗马西斯廷礼拜堂鸿篇巨作的创造者，给罗马带来的第一件作品就是有"骗局"之嫌的赝品《沉睡的丘比特》（*Sleeping Cupid*）（现已无迹可寻）。米开朗琪罗雕刻的这件作品看起来特别像古董。商人巴尔达萨雷·德尔·米兰尼斯（Baldassarre del Milanese）成功地把它当成出土文物卖给了红衣主教拉菲尔·瑞阿里奥（Raffaele Riario）。后来，红衣主教发现这是个令人难以置信的伪造品，强烈要求赔款。不过，他也表示很想见见这样一件作品的创作者，欢迎他进入自己的圈子。

在罗马逗留期间，米开朗琪罗不断汲取知识。同时，他远离佛罗伦萨日益严峻的局势。尽管米开朗琪罗无疑是吉罗拉谟·萨伏那罗拉的崇拜者，但是托钵修会会士的宗教狂热使得佛罗伦萨的政治和社会形势日趋严峻，阻碍了艺术及其资助的自由发展，所有艺术作品必须接受严格的审查。

再者，在罗马期间，米开朗琪罗得以通过研究古典主义遗迹和古代雕塑的第一手资料来使自己的技术臻于完善。15世纪后期，在富裕的文人雅士的圈子中刮起了一股私人古董收藏的新潮流，这股潮流同样对古典主义遗迹和古代雕塑情有独钟。

最后，米开朗琪罗在这座城市

里找到了工作,同时这也是他通向成功的绝佳机会。多亏了他和新教皇尤利乌斯二世,罗马得以成为16世纪文艺复兴艺术的中心。

不过,在15世纪末期,当时的他在罗马并没有真正的竞争对手,因为亚历山大六世雇用的艺术家虽然都很不错,但是他们的水平和米开朗琪罗显然不在一个档次,比如,平图里乔(Pinturicchio)(他为教皇梵蒂冈宫的寓所绘制了湿壁画)与雕刻家安德烈·布雷格诺(Andrea Bregno)。

而且,米开朗琪罗被纳入红衣主教瑞阿里奥的圈子无疑对他的帮助很大,这个圈子也包括几位在教皇之城定居的佛罗伦萨银行家。

其中,雅各布·加利(Jacopo Galli)尤其热衷于资助米开朗琪罗。这位银行家在罗马极具影响力,他在城里有一栋豪宅,其花园是一座真正的户外"古董陈列馆",藏品包括不少精美的古代和现代艺术作品,正如16世纪一位荷兰画家梅尔滕·梵·海姆斯凯克(Maarten Van Heemskerck)的画作所展示的:在这个满是古董的花园里,加利将米开朗

罗马加利私家别墅花园(1532—1535)

梅尔滕·梵·海姆斯凯克

柏林,铜版画陈列馆

琪罗的雕塑《酒神巴克斯》(Bacchus)放置其中。

这件雕塑(现存于佛罗伦萨巴杰罗美术馆)是为瑞阿里奥雕刻的,但是这位红衣主教不愿意收货,于是被卖给了加利。加利还购买了米开朗琪罗的另一件作品,从一些古文献资料中得知这件作品是《阿波罗》(Apollo)或《丘比特》(Cupid),最近的研究证实这件作品其实是《年轻的弓箭手》(Young Bowman),现存于纽约市的法国大使馆文化处的一栋房子里。

最后,是加利为雕刻家争取到梵蒂冈圣彼得大教堂《圣殇》(Pietà)的委托,这是米开朗琪罗第一件真正有名的作品,这件名作使他成为同时代人眼中神一般的伟大艺术家。

酒神巴克斯

（1496—1497）
佛罗伦萨，巴杰罗美术馆

《沉睡的丘比特》

米开朗琪罗的这件雕塑在进入曼托瓦的伊莎贝拉·德·埃斯特（Isabella d'Este）的收藏之后便无迹可寻了。自从贡扎加家族（Gonzaga）的大部分藏品在17世纪被卖给英国王室之后，米开朗琪罗的雕像就很有可能与其他珍宝一起于1698年发生在白厅宫（Whitehall Palace）的一场大火中被付之一炬。现今在威尔特郡科西姆宫廷所收藏的《沉睡的丘比特》被认为和原作十分相似。当米开朗琪罗的《沉睡的丘比特》被卖给第一位买主红衣主教瑞阿里奥时，可能将大理石做旧处理，使作品看起来更像一件古代文物。这个主意很有可能是出自一位重要的佛罗伦萨资助人兼雕刻家委托人——洛伦佐·迪·皮尔法兰斯科·德·美第奇。他和哥哥乔万尼是豪华者洛伦佐的远房堂兄弟。这两位堂兄弟被洛伦佐·德·美第奇的儿子皮耶罗驱逐，直到1494年这位其父声名远扬但自身软弱无能的美第奇被民众驱逐，兄弟俩才被迎回佛罗伦萨，并被赋予了波波拉诺（Popolano）的称号。而随后米开朗琪罗也为洛伦佐·迪·皮尔法兰斯科（1503年去世）雕刻了一座雕像《婴儿施洗者圣约翰》（Infant Saint John the Baptist），现今已遗失。但受洛伦佐的堂兄弟委托的作品中最有名的依然是桑德罗·波提切利所画的《春》（Primavera），15世纪中期这幅画与同样出自这位画家之手但是名气稍逊的《维纳斯的诞生》（Birth of Venus）一起被放在皮尔法兰斯科位于佛罗伦萨附近的卡斯特罗的别墅里。

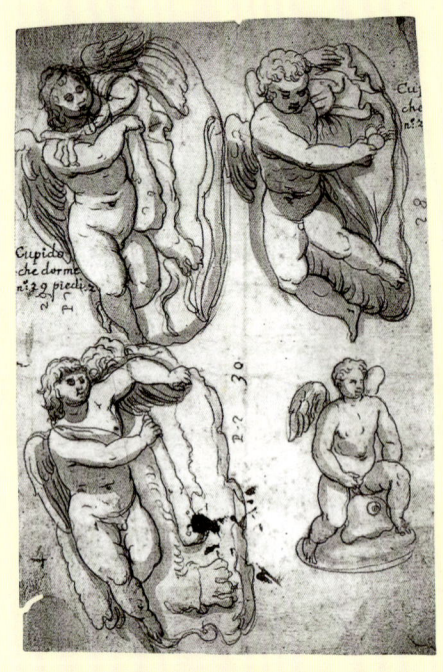

《沉睡的丘比特》副本，雕塑草图（17世纪）
米开朗琪罗
温莎，皇家图书馆
* 出自《白厅花园的雕塑半身像和全身像》

曼彻斯特圣母（约1495—1497）▶
局部
伦敦，国家美术馆

持石榴的圣母（1487）
桑德罗·波提切利
佛罗伦萨，乌菲兹美术馆

年轻的弓箭手（1494年之前）
纽约，法国大使馆文化处

唱诗班唱台（1431—1438）
局部
卢卡·德拉·罗比亚
佛罗伦萨，大教堂歌剧博物馆

曼彻斯特圣母（约1495—1497）
伦敦，国家美术馆
* 站立着的天使表现出画家曾受到波提切利和卢卡·德拉·罗比亚所画类似人物形象的影响

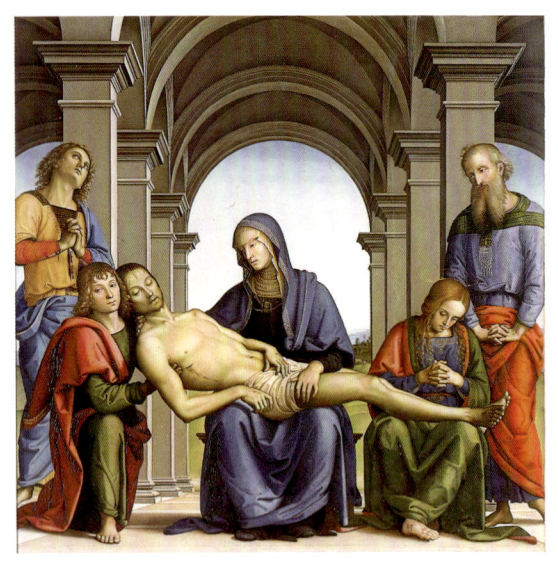

梵蒂冈《圣殇》

圣彼得大教堂的《圣殇》是米开朗琪罗第一件在罗马接受委托的重要作品,也是唯一一件有他签名的作品,在圣母胸前斜挎的衣带上刻着如下文字:"佛罗伦萨人米开朗琪罗作。"这件著名的大理石组像是由法国红衣主教让·比雷尔·德·拉格霍拉(Jean Bilhères de Lagraulas)委托雕刻的,他是法国驻亚历山大六世教廷的大使,在1498年与中间商雅各布·加利签订了合约。

《圣殇》原本是为红衣主教安置在圣彼得大教堂的圣母玛利亚祈祷室内的陵寝所作,这里早年是附属于康斯坦丁大教堂的天主教礼拜堂,被拆除之后建造了圣彼得大教堂,之后《圣殇》被放在里面。瓦萨里是这样描述耶稣的:"没有什么比此刻的耶稣去世场景更加真实的了。这里头部的姿势摆得很温柔,手臂、身体和腿部的肌肉协调一致,手腕和筋脉精雕细琢,一个人在极短的时间内能如此传神和精细地完成这样一件令人肃然起敬的作品,实在是太不可思议了。"另外一位知名的艺术家传记作者阿斯卡尼奥·孔迪维这样描述圣母:"端坐在曾经立着十字架的石头上,腿上是她死去的儿子,她是多么伟大啊,她的美无与伦比,任何人见了都备

左图
圣殇(约1493—1494)
佩鲁吉诺
佛罗伦萨,乌菲兹美术馆

右图
基督被解下十字架(1507—1508)
拉斐尔
罗马,博盖塞艺廊
* 巴廖尼家族礼拜堂祭坛画

圣殇（1498—1499）
梵蒂冈，圣彼得大教堂

感虔诚。"从这些只言片语中就足以显示这件超一流的作品突出的特征：一方面，雕刻家的才华、高超的雕刻技艺在解剖学细节上得到严谨地、毫无瑕疵地呈现；另一方面，所雕刻人物端庄的美——尤其是温柔年轻的圣母——雕塑感人在如此熠熠发光，像是用雪花石膏做成而不是大理石，石头被如此精雕细琢。在这件作品中再也没有出现大师的"未完成"，这件作品是如此干净，如此完整，这可能是为了展示艺术家在完美表达形式上所取得的成就，此后艺术家可能会偏离这个方向。米开朗琪罗的精湛技术的另一个证据是他用一整块大理石来雕刻《圣殇》，而没有增补其他的石块。雕刻家亲自到卡拉拉采石场挑选了石块，并运送到罗马，而这期间花了九个月时间。在这件名作里，圣母玛利亚低头凝视，陷入巨大的悲痛中，她死去的儿子刚刚被从十字架上解下来。她的右手托着他，尽管只是通过裹尸布来接触神圣的躯体，但依然十分有力，其左手向外张开，其手势似乎是在邀请旁观者一起体会救世主自我牺牲的悲剧。这件作品的构图，使得两个原本形成鲜明对比的人物达到了一种完美的平衡：一边是圣母，端坐着，身体是直立的；另一边是耶稣，他横躺在母亲两膝之间的裸露的躯干上，通过圣母玛利亚圣袍上宽大的褶皱达到了平衡，这样两个人物看起来就是镶嵌在同一块紧实的石块里。一如既往，今天的人们依然会为圣母异常年轻的面容而感到疑惑不解。这种

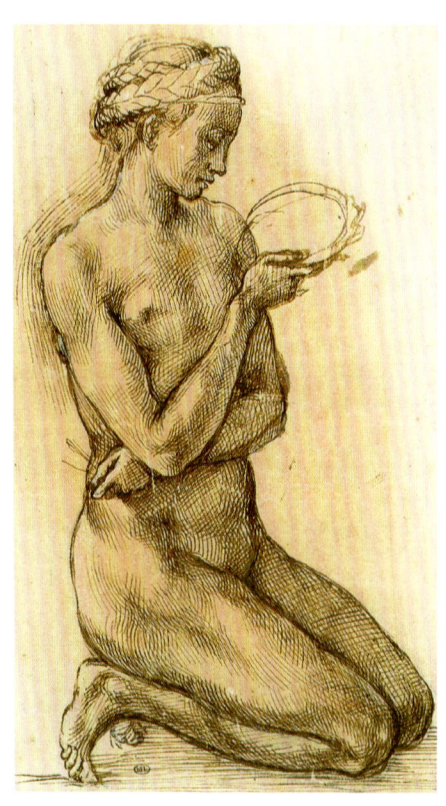

《跪着的裸体女子》草图

（约 1500—1501）
巴黎，罗浮宫
* 出自《埋葬》

埋葬（约 1500—1501）
伦敦，国家美术馆

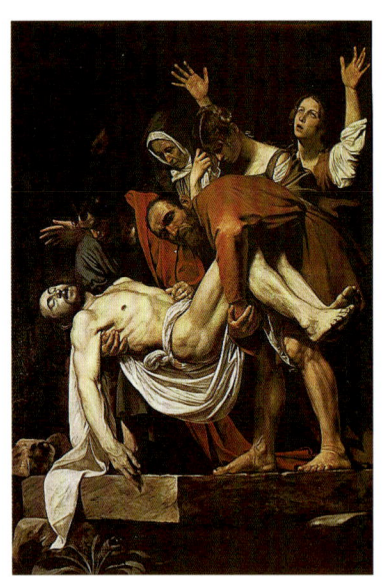 

基督下葬（1602—1604）
卡拉瓦乔
梵蒂冈，梵蒂冈博物馆

马拉之死（1793）
雅克-路易·大卫
布鲁塞尔，比利时皇家美术馆

表现形式很少见，与耶稣去世之时的年纪相比，圣母的面容显得很不真实。尽管我们对此解释没有确切的证据，但是根据孔迪维所写的传记，米开朗琪罗坚持认为忠贞纯洁的女性要比其他女性更能保持青春，就好像他有意要通过玛利亚毫无岁月痕迹的年轻的面容来显示她的纯洁无瑕。

《圣殇》在一年之内就雕刻完成了，在1499年完工，这一年其委托人去世了。在米开朗琪罗的雕塑中，圣母怜子常常成为表现的主题。这件雕塑声名大噪，成为与米开朗琪罗同时代的艺术家甚至是之后几个时代的艺术家学习的典范。拉斐尔最先从《圣殇》中获得灵感，用于他所创作的《巴廖内祭坛画》(Baglioni Altarpiece)，还有之后的画家，如卡拉瓦乔（Caravaggio）和大卫（Jacques-Louis David），他们各自的作品《基督下葬》和《马拉之死》都能使人想起米开朗琪罗的《圣殇》，尤其是关于基督的手臂。

萨伏那罗拉

吉罗拉谟·萨伏那罗拉，1452年出生于费拉拉城，是尼科洛·博纳柯西（Niccolò Bonacossi）和埃琳娜（Elena Bonacossi）的第三个儿子。1475年，他在博洛尼亚的圣多米尼克修道院成为一名圣托钵会修士。他第一次被派到佛罗伦萨多明我会的圣马可修道院，其名字就与这个修道院永远联系在了一起，时间可追溯至1482年。之后他还在其他地方待了几年，直到1490年被豪华者洛伦佐召回圣马可修道院，第二年就成了圣马可修道院院长。从那时起，他以预言式的、强烈的基督教道德观的口吻进行布道，越来越受到民众的欢迎，同时还得到很多名人的敬重，从文人墨客[如皮科·德拉·米兰多拉、贝尼维耶尼和乌格里诺·韦里诺（Ugolino Verino）]到艺术大师[如波提切利、安德烈·德拉·罗比亚（Andrea della Robbia）、菲利皮诺·利皮（Filippino Lippi）和少年米开朗琪罗]。1494年，豪华者洛伦佐的长子及继承人皮耶罗·德·美第奇二世被驱逐出佛罗伦萨，共和国得以重建，萨伏那罗拉成为政府背后鼓动人心的力量，他的追随者们组成了一个叫"愤世嫉俗者"的政党，牢牢掌控着佛罗伦萨政府。整座城市比任何时候都更加极端地受到道德规范、禁欲主义和反腐斗争的制约，盛况空前，偏向于狂热。1497年，在领主广场举行的著名的狂欢节上的"虚荣之火"被点燃，同年这位圣托钵会修士被亚历山大六世革除教籍。1498年，教皇威胁说要在佛罗伦萨出台一项禁令，萨伏那罗拉的追随者们开始弃他而去。同年8月8日，一群多明我会敌对派系的人即所谓的"激怒党"冲入圣马可修道院逮捕了萨伏那罗拉。这拉开了萨伏那罗拉统治终结的序幕，宗教审判所紧接着对其进行了审问和审判，并最终处以火刑，1498年5月23日萨伏那罗拉在佛罗伦萨领主广场的火刑柱上被活活烧死了。

萨伏那罗拉肖像画（约1499—1500）
弗拉·巴托洛梅奥
佛罗伦萨，圣马可博物馆

佛罗伦萨共和国

1492 年，随着洛伦佐的去世，意大利政局再一次变得动荡不安。意大利城邦这种一党制以及统治者的短视导致了法国的入侵，1494 年是意大利遭受外邦入侵的开始。对于佛罗伦萨来说，查理八世的进攻产生的至关重要的结果，是美第奇家族倒台的决定性因素。当法国国王的军队向那不勒斯开拔，声称要夺回被阿拉贡人占据的王朝统治权时，皮耶罗·德·美第奇二世事实上已经决定了要尊重与那不勒斯国王之间的传统的结盟关系。结果，佛罗伦萨人看到他越来越焦虑，而且恐惧感与日俱增（正是在这个时候，米开朗琪罗害怕了，他逃往威尼斯，然后去了博洛尼亚）。在这种紧张、多变的社会氛围下，萨伏那罗拉预言大灾变的布道在肥沃的土壤里落地生根，为多明我会圣托钵修士和他自己主张激进改革的思想赢得了越来越多的支持。当查理八世到达佛罗伦萨附近时，皮耶罗二世对此不知所措，民众发动了一场起义，把皮耶罗二世赶下台，并宣告建立一个共和制政府。共和国的灵魂人

皮耶罗·迪·洛伦佐·德·美第奇（1489）
盖拉尔多·迪·乔凡尼
那不勒斯，意大利国家图书馆

物当然是萨伏那罗拉。他的权力至高无上，在四年时间里，这位圣托钵会修士推行一种神权至上的独裁统治。因为公然抨击罗马天主教教廷的腐败，吉罗拉谟·萨伏那罗拉激起了教皇亚历山大六世的反对，于 1498 年被教皇革除教籍，并遭到民众的遗弃，作为一个异教徒被烧死在火刑柱上。

在他死后，佛罗伦萨依然是一个共和国，但是后来形成了一种政府形式，并提供了一个正义旗手（Gonfalonier），他的手中集中了所有的权力。1502 年，皮耶尔·索德里尼（Pier Soderini）成功当选。在他的治理

下，艺术品委托重新受到了人们的追捧，而这在萨伏那罗拉统治时期是完全禁止的。正是在这位正义旗手执政期间，米开朗琪罗雕刻了《大卫》（David）。

查理八世进入佛罗伦萨
（16世纪20年代前后）
弗朗西斯科·格拉纳奇
佛罗伦萨，乌菲兹美术馆

萨伏那罗拉在领主广场行刑（1498）
佛罗伦萨某位不知名的画家
佛罗伦萨，圣马可博物馆

米开朗琪罗和雕刻

在一封给佛罗伦萨著名语言学家和历史学家贝内代托·瓦尔奇（Benedetto Varchi）的信中，米开朗琪罗写道："我所认为的雕刻就是把东西去除。""另外一种雕刻，是增加东西，就和绘画类似。"他在同一封信中补充道。

对于米开朗琪罗来说，雕刻就意味着用他的凿子在大理石上去除多余的东西，而不是将可塑性材料做成模型。另一种表明雕刻对他意味着什么的重要迹象是在他的一首诗中发现的，诗中写道："最好的艺术家从来不曾想展示／裹着多余躯壳的原始石料并不包含的东西。"米开朗琪罗的态度很明显地显示出新柏拉图思想对他产生的影响：对于他来说，思想、雕塑的形态已经包裹在大理石里了，他的凿子将它们释放出来，他的手工劳动是为精神启示提供服务的。

米开朗琪罗的雕刻理念是一种新柏拉图主义信条，这有事实为证。公元5世纪在希腊亚略巴古的伪丢尼修（Pseudo-Dionigese the Areopagite）的著述中已经出现了相同的观念，这位基督教哲学家留下了大量闪耀着新柏拉图主义灵感的文本："将原本就存在于石料里的栩栩如生的图像雕刻出来的艺术"，伪丢尼修写道，就是"通过去除一切阻碍将隐藏的形态清晰地显露出来，通过去除多余的东西将隐藏的美展现出来"。

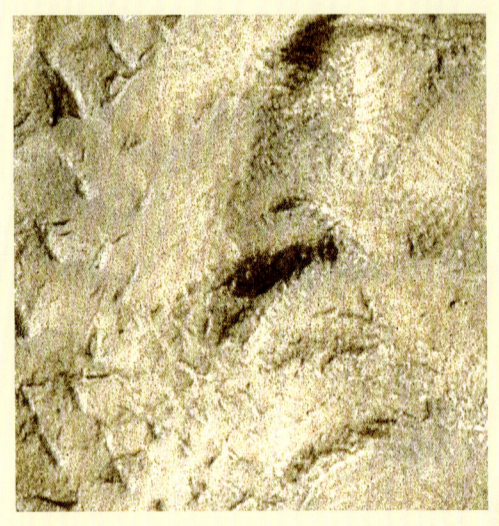

圣马太（1501—1504）
局部
佛罗伦萨，学院美术馆

左图
大卫（15世纪40年代前后）
多纳泰罗
佛罗伦萨，巴杰罗国家博物馆

右图
大卫（约1465）
安德烈·德尔·韦罗基奥
佛罗伦萨，巴杰罗国家博物馆

《大卫》

1501年，26岁的米开朗琪罗被佛罗伦萨共和国要求雕刻一座有关大卫的巨型雕像。大卫原本是一个年轻的牧羊人，后来成为以色列王，他是《圣经》中打败了巨人歌利亚的英雄。

在萨伏那罗拉统治时期，佛罗伦萨的艺术和文化停滞不前，最终以这位圣托钵会修士1498年被处决终结。此后的这些年，佛罗伦萨经历了一个满血复活和大力提倡创新的全新时代，尤其是在1502年皮耶尔·索德里尼当选为正义旗手之后。这块为了制作大卫雕像而从卡拉采石场运回的巨型大理石，其实多年前就已经被开采了，也曾引起了佛罗伦萨多位统治者的关注，他们曾多次考虑叫人用这块石头刻出一座雕像来。

1464年，这项任务被指派给了

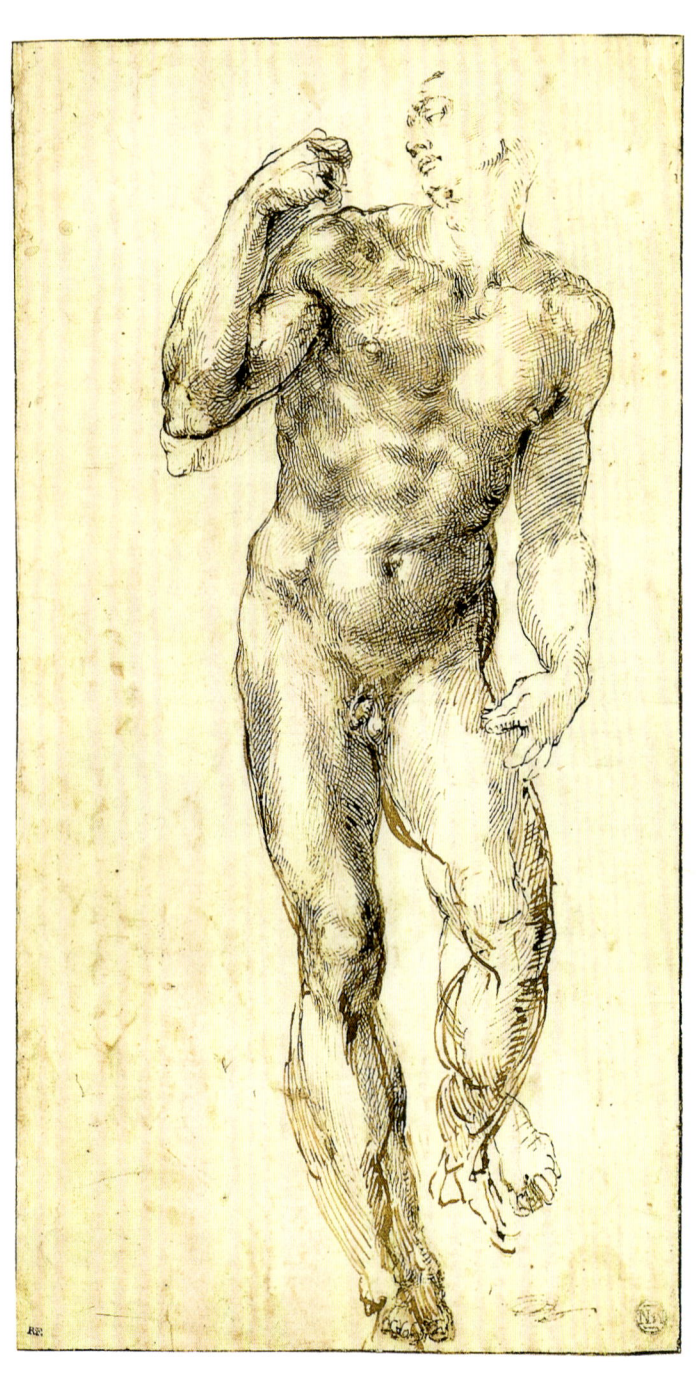

《拿着投石器的大卫》素描（1501）
巴黎，罗浮宫

大卫（1501—1504）▶
佛罗伦萨，学院美术馆

阿戈斯蒂诺·迪·杜乔（Agostino di Duccio），但是后来不知何故合约取消了。

1475年，这项委托又给了安东尼奥·罗塞利诺（Antonio Rossellino），他只雕了一个雏形出来，但是并没有完工。当米开朗琪罗接受雕刻《大卫》的任务时，这块被遗弃的大理石正躺在教堂歌剧院博物馆的仓库里，这个博物馆是负责佛罗伦萨大教堂建筑和装潢的机构，比布鲁内列斯基的大穹顶早了半个世纪。这座巨型雕塑本来是要放置在圣母百花大教堂的扶壁上，要求雕刻成一座可以从下面看到的宏伟的雕塑。

米开朗琪罗承诺两年内完成这件作品，报酬是每个月60弗洛林金币。

但是这件作品花费的时间比预期的要长，因为这项任务本身难度很高，而且雕塑家又偏好独自工作，不用助手；另外还有一个复杂的原因，那就是雕刻工作是在原先其他人已经雕刻过的作品上进行的，而不是在原始的石料上。最终，雕塑于1504年完工。自古以来人们从未见过如此永垂不朽的雕塑。

米开朗琪罗在大教堂附近一个临时搭建的实验室里进行雕刻工作。

他废寝忘食，一刻也不离开工作，累了在地板上睡上几个小时就心满意足了。

《大卫》是如此宏伟，如此庞大，以至于原先预定的位置很快就显得不适合摆放了。为了寻找放置这件杰作的最好的地方，当时其他多位著名艺术家都被征询了意见，比如朱利亚诺·达·桑加罗、菲利皮诺·利皮和列奥纳多·达·芬奇。

最终决定在佛罗伦萨的政治中心——领主广场，公开展示这座巨型雕像，既有亲民意味，又有政治意义——因为大卫为了人民的自由而战斗，是共和国美德的完美象征。

但是针对具体将雕像放在哪个位置时，却产生了新的问题：是放在奥卡尼亚回廊（后改名为领主凉廊）呢，还是根据其他人的提议，放在领主广场前，而最后选择了后者。《大卫》的真迹一直矗立在领主宫前，直到1873年（之后被用一座复制品替代），为了避免其被天气所摧残，真迹被转移到佛罗伦萨博物馆的学院美术馆，保存至今。

从图像学分析，米开朗琪罗的《大卫》和佛罗伦萨的前辈们雕刻的《大卫》相比有明显不同，比如多纳

大卫（1501—1504）▶
局部
佛罗伦萨，学院美术馆

泰罗的《大卫》和韦罗基奥的《大卫》。多纳泰罗的《大卫》脚蹬靴子，头戴钢盔，手持佩剑，韦罗基奥的《大卫》也是脚蹬靴子，手持佩剑，且衣着光鲜（根据《圣经》的描述）。这些作品中的大卫身材纤细，而且非常年轻，他们的脚下躺着巨人歌利亚被砍下的头颅。而米开朗琪罗的《大卫》是一座裸体雕像，像一位希腊的神，只有一个投石器甩过左肩。他是一个体格健壮的青年男子，他的任务尚未完成（歌利亚的头颅不见了）。米开朗琪罗描绘的是征战前的大卫，通过紧绷的面部、专注的凝视以及随时准备投入战斗的肌肉来展现征战前紧张的时刻。

米开朗琪罗的选择看起来经过了深思熟虑，据我们从文献中所获得的尽可能多的关于《大卫》的资料中得知，其最初被要求用黄金花环和金腰带来表达对英雄的崇拜，这是一种传统的表达方式。

然而，米开朗琪罗显然是以一座古典主义雕塑为模型来雕刻他的《大卫》，尽管并不清楚具体是哪个模型，但是这更新了他所在时代的当代雕塑的意旨，跟在其他领域一样，"现代"通过对过去有针对性的以及具有原创性的复兴来展现自我。多纳泰罗的《大卫》毫无疑问是宏伟的，而米开朗琪罗的杰作与此不同的是，它从各个角度看都是宏伟壮丽的，而不仅仅是从正面看。考虑到雕塑的巨幅尺寸，它的工艺看起来就更加完美了。

《大卫》和米开朗琪罗的其他雕塑作品一样，从中显露出一种对人体精深的、全面的知识以及对解剖学细节完美无瑕的呈现。

对解剖学的研究是改变当时艺术的又一大创新，是米开朗琪罗和另一位天才，即经常遭他反对的达·芬奇·达·芬奇共同倾注心血的必需品。后者通过解剖尸体（那时被认为是一种怪异的行为）来进行他的解剖学研究，甚至为此被指控为巫术。

《大卫》这件杰作被人们瞻仰了5个世纪，即便在其中一只手的手腕上存在一处错误（在米开朗琪罗的作品中很少出现这样的错误）——在某个地方多出了一块肌肉——后来被证明这是为了从艺术的功能性角度考虑，以增强可塑性的效果。

大卫（1501—1504）▶
局部
佛罗伦萨，学院美术馆

特制展厅里的《大卫》和其他石膏摹制品（照片摄于19世纪末期）
学院美术馆

将《大卫》从领主广场转移到学院美术馆
* 出自《新通用图》，1874年1月，第6期

存放《大卫》的博物馆

1873年，就在意大利统一之后，《大卫》被从领主广场挪走，转移到了佛罗伦萨博物馆的学院美术馆内。之后，原先的地方被用一件复制品替代，另外又在米开朗琪罗广场放置了一座青铜复制品。佛罗伦萨博物馆专门为这件新获得的作品制作了一个展台，使得米开朗琪罗的杰作能得到最有价值的展示。

这项工程由建筑师埃密利欧·德·法伯利斯特（Emilio de Fabris）于1872年至1882年完成，他设计了一个带有圆形天窗的拉丁十字形状的房间，天窗下面放置着《大卫》雕像。

1875年，也就是米开朗琪罗的雕像进驻到学院美术馆两年之后，为了纪念米开朗琪罗诞辰400周年，这个特制的展台（尽管那时尚未完工）被选为展示艺术家作品复制品的理想场所。但是20世纪初期，制作米开朗琪罗石膏仿制品的模具留在了博物馆内，结果《大卫》真迹周围摆满了艺术家其他作品的复制品，这情形开始让人觉得很不合适。于是决定收集一组米开朗琪罗的作品真迹放在学院美术馆里。

1909年，从佛罗伦萨其他藏品中收集来的《四囚徒》抵达了，它之前一直被科西莫一世大公放置在波波利花园里的布翁塔伦蒂洞窟内进行展示；还有《圣马太》，之前一直矗立在佛罗伦萨美术学院的庭院里。后来到了20世纪30年代末，又从与作品同名的城市运来了《巴拉斯屈那圣殇》（Pietà from Palestrina），不过也有不少专家认为这件作品并非出自米开朗琪罗之手。

大卫（1501—1504）
佛罗伦萨，学院美术馆

《圣家族圆形画》和《卡辛那之战》

由于《圣殇》在罗马获得了广泛赞誉，米开朗琪罗一回到佛罗伦萨就迎来了铺天盖地的委托，其中就有至关重要的《大卫》大理石雕像。在佛罗伦萨局势最为紧张的这个时期，他雕刻的其他作品包括：另一座为法国元帅皮埃尔·德·罗翰（Pierre de Rohan）雕刻的青铜《大卫》（现已遗失）；受羊毛同业公会的委托为佛罗伦萨大教堂雕刻的十二使徒像，但是只有其中的一座《圣马太》大致完成了；布鲁日的穆斯克龙家族为他们在佛兰德圣母院教堂的家族礼拜堂购买的《圣母与圣子》《皮蒂圆形浮雕》（Pitti Tondo）和《塔戴依圆形浮雕》（Taddei Tondo），均以其雇主的名字来命名；还有米开朗琪罗以画家身份绘制的名作《圣家族圆形画》（Doni Tondo）；最后，还有未完成之作《卡辛那之战》（Battle of Cascina）。《圣家族圆形画》被认为是米开朗琪罗唯一的一幅木板画，尽管也有一些专家倾向于认为在这幅现存于乌菲兹美术馆的杰作完成之前，米

圣马太（1501—1504）
全图和局部
佛罗伦萨，学院美术馆

塔戴依圆形浮雕
（约1503）
伦敦，英国皇家
美术研究院

开朗琪罗还画了另外几幅，比如现存于伦敦国家美术馆的《曼彻斯特圣母》（Manchester Madonna）（图见39页）和——更加谨慎地说——现存于同一家美术馆的《埋葬》（Deposition in the Tomb）（图见43页）。

《圣家族圆形画》是为阿革诺罗·多尼（Agnolo Doni）和他的妻子玛德莲娜·斯特罗奇（Maddalena Strozzi）所画，也许是为他们在1503年至1504年举行的婚礼庆典所画，或者也有人认为比婚礼的时间要晚几年，在1506年至1507年，不管怎样，应该就在1506年前后，因为那段时间同时代的另一位伟大的艺术家拉斐尔也为这对新婚夫妇画了几幅精美绝伦的肖像画。在圆形基底上进行构图的方式沿用了15世纪最典型的佛罗伦萨传统，用这种

皮蒂圆形浮雕

(约 1503)
佛罗伦萨,巴杰罗国家美术馆

构图方式绘制的其他作品有:桑德罗·波提切利的《持石榴的圣母》(图见 38 页)和路加·西诺雷利(Luca Signorelli)所画的《谦卑的圣母》,很显然米开朗琪罗从中获得了灵感。然而,在《圣家族圆形画》中,米开朗琪罗的尝试更加大胆新颖。首先,这幅组图描绘的是圣母扭转身体、越过肩膀去接住圣约翰递过来的圣子,其图像学意味很不寻常。

艺术人生——米开朗琪罗 61

阿革诺罗·多尼肖像画（1505）
拉斐尔
佛罗伦萨，皮蒂宫

玛德莲娜·斯特罗奇肖像画（1506）
拉斐尔
佛罗伦萨，皮蒂宫

圣母的外表也是非典型的。玛利亚强壮、结实，没有戴头巾，光着膀子穿着古典主义风格的裙子，通过她的面容可以预见绘制在西斯廷礼拜堂天顶上的女先知西比尔。然后是颜色：亮色和冷色并置，色彩对比强烈且五彩斑斓，其配色方案即西斯廷礼拜堂修复工程中使用的主要色调，与当时取悦人的、和谐的基调形成强烈反差。而且，背景中年轻的裸体使人回想起西斯廷天顶画中著名的被称为奴隶的"裸体男青年"。

就如米开朗琪罗此后在梵蒂冈绘制的大型湿壁画杰作一样，在这幅《圣家族圆形画》就已经显现出了他绘画雕塑的风格，乌菲兹美术馆镶板上的圣家族组图显示出很强的三维效果，而明与暗的强烈对比也进一步衬托了这幅画作的可塑性。至于其含义，这幅佛罗伦萨画作似乎暗指人性在耶稣诞生之前和之后的区别。如果是这样，那么背景中的裸体人物（注意背景中把圣家族与男青年们分隔开来的矮墙）并不是代表牧羊人的古典主义人物，如路加·西诺雷利所画的那样，而是很有可能代表了《启示录》写成之前异教徒的世界。当时还被认为是属于那个世界的婴儿施洗者圣约翰意味深长地靠着矮墙，他是在《圣经·新约》中唯一一位注视着主人公的人物形象。

1504年，米开朗琪罗在完成《大卫》之后，又被授予了一项重要的公共项目的委托，即为市政议会大厅——所谓的五百人大厅在市政广场——绘制湿壁画《卡辛那之战》。在此数个月前，共和国政府已经委托了另一位才华横溢的艺术家——列奥纳多·达·芬奇，在同一个议会大厅绘制《安吉亚里之战》(*Battle of Anghiari*)，两幅画交相辉映。佛罗伦萨政府打算通过回忆两场打了胜仗的战役来庆祝共和国曾经和现在的光辉历程：一场是1364年佛罗伦萨人与比萨人在卡辛那的战役，另一场是1440年佛罗伦萨人与米兰人在安吉亚里的战役。为了这项倡议的履行，佛罗伦萨当局召唤了城里最伟大的两位艺术家，在他们之间挑起一场较量，使得两位大师都竭尽所能做到最好。这次挑战超级有趣，原因有很多，其中一个原因是众所周知的，那就是米开朗琪罗和达·芬奇素来相互敌视，而现在

圣家族圆形画（1503—1504/1506—1507）
佛罗伦萨，乌菲兹美术馆

他们不得不同时在面对面的两面墙上一起工作。但是最终两人都没有完成任务。他们并非连试都没试；事实上，他们都为自己的湿壁画准备了非凡的草图（现已遗失），已展示给同时代的艺术家，并且获得了高度的评价，然后还有人根据想象中的原稿创作出复制图，供几个时代的艺术家研习。

《卡辛那之战》的草图——被本韦努托·切利尼（Benvenuto Cellini）称为"世界学校"——因为过度使用而丢失了。草图从这个艺术家传到那个艺术家，在不断地瞻仰和临摹中被瓜分成了好几部分，然后在不同的意大利宫廷中传来传去，直至每一部分残片表面的图画都被磨光了。

达·芬奇注重的是战斗的场面，身体和武器的暴力冲击，而米开朗琪罗则选取了14世纪由乔凡尼·维兰尼（Giovanni Villani）所著的《编年史》中记载的情节。他选择描绘扎营在卡辛那附近的佛罗伦萨士兵的某个瞬间：当时他们正在阿诺河里洗澡，突然响起了敌人来袭的警报，士兵们赶紧披上衣服，慌乱地找寻他们的武器。

圣家族圆形画（1503—1504/1506—1507）
局部
佛罗伦萨，乌菲兹美术馆
* 此局部图展示了装饰在边框上的其中一个先知的迷你版头像，很有可能是米开朗琪罗亲自设计的，当然也是16世纪幸存下来的稀有的真迹之一。

圣家族圆形画（1503—1504/1506—1507）
局部
佛罗伦萨，乌菲兹美术馆

《半人马之战》草图（约 1504—1505）
伦敦，大英博物馆

裸体人像背面图以及其他素描图（约 1504—1505）
佛罗伦萨，乌菲兹美术馆
＊可能是为《半人马之战》草图所画

《卡辛那之战》草图（约 1504—1505）
佛罗伦萨，乌菲兹美术馆

米开朗琪罗最为关注的是对于裸体的研究，他早期的作品《半人马之战》似乎再一次证明了这一点。这些精力充沛的身躯由于突发因素而呈现出各种体态——活泼、有力、兴奋（瓦萨里最欣赏的是坐在右边显眼位置的一位老兵，他正尽可能快地把裤子拉到湿漉漉的大腿上）。从技术角度来说，这些区别也是显而易见的：达·芬奇本质上注重绘画的效果；而米开朗琪罗总是觉得自己主要是一位雕塑家，他绘制了一系列具有强烈塑造冲击力的雕塑形象。

最后，达·芬奇是唯一一个将他的部分草图转移到议会大厅长墙上的人，他负责描绘的是整个战争场景最为核心的部分。达·芬奇·达·芬奇此前已经在米兰圣玛利亚感恩教堂的餐厅的墙壁上绘制了宏伟壮丽的《最后的晚餐》（*Last Supper*），其部分采用了湿壁画技法，但是在壁

卡辛那之战（约 1542）
巴斯提亚诺·达·桑加罗
* 此画为仿照米开朗琪罗的草图（现已遗失）所绘的摹本，诺福克，莱斯特藏品

画的持久性上被认为不尽人如意。因此在《安吉亚里之战》中，这位艺术家决定试试油画颜料。这瞬间成为一种灾难，因为色料不能迅速干透，而且受热融化后不断往下滴，导致整幅画面毁于一旦。至于米开朗琪罗，他甚至连画笔都没动，只有草图。1506 年，两位艺术家的画作就此中断。

达·芬奇在法国总督查理·达·安波斯的要求下前往米兰，而米开朗琪罗则去罗马履行他与尤利乌斯二世签订的合约——尤利乌斯二世曾委托他为其陵墓雕刻雕塑。

达·芬奇与米开朗琪罗

达·芬奇与米开朗琪罗之争家喻户晓，不仅仅是因为代沟问题（达·芬奇比米开朗琪罗整整大了23岁），而且还有思想上的不同以及观念上不可调和的矛盾：一方面，达·芬奇理性，思维缜密，热衷于绘画；另一方面，米开朗琪罗具有高度的责任心以及雕刻至上的强烈信念。大约写于16世纪中期的《马格里亚贝奇亚诺手抄本》（*Anonimo Magliabechiano*）记载了一段同在佛罗伦萨的两位意大利艺术大师某一天在街上偶遇时产生冲突的有趣情景。《马格里亚贝奇亚诺手抄本》记录道："话说达·芬奇碰巧和朋友乔凡尼·达·加文一起从圣三一教堂（Santa Trinita）附近的街道上走过来……有一群绅士正聚在一起讨论但丁的一段诗，他们喊住达·芬奇，请他为他们解释一下。这个时候，正好米开朗琪罗从这里经过，他们中有人热情地跟他打招呼。达·芬奇说：'米开朗琪罗会为你们解答的。'米开朗琪罗听了这句话，觉得达·芬奇是在嘲笑他，于是生气地回答道：'你自己去解释吧，你画了一匹马还说要铸造成铜像呢[弗朗西斯科·斯福尔扎(Francesco Sforza)的骑马铜像一直没有完成]，你其实根本就不会造什么铜像，只好羞耻地把它丢弃在那里。'米开朗琪罗说完就大步流星地走了，留下因为他的话而羞愧难当的达·芬奇。"

圣母子与圣安妮（约1501—1502） **圣母子与圣安妮**（约1497）
牛津，阿什摩林博物馆 列奥纳多·达·芬奇
* 根据达·芬奇的《圣母子与圣安妮》草图绘制 伦敦，国家美术馆

◀ **德尔菲女先知**
（1508—1512）
西斯廷礼拜堂天顶画
局部
梵蒂冈

1507—1512

西斯廷礼拜堂：第一幕

尤利乌斯二世统治下的罗马

16世纪初期，米开朗琪罗在罗马声名鹊起，地位逐渐稳固，当时罗马由教皇尤利乌斯二世·德拉·罗韦雷统治。1503年，尤利乌斯二世在其宿敌亚历山大六世博尔吉亚死后，作为继任者荣登教皇宝座。新教皇立志要在意大利城邦内部四分五裂的境况下重建教皇统治的主导地位，并借助欧洲强国的力量，重塑这座天主教教皇之城昔日的辉煌。为了实现这个目标，尤利乌斯二世奉行了对外扩张的军事政策，最具标志性的是他发起了一系列战无不胜的军事行动，同时他还玩起了不断变换结盟对象的游戏，直接导致了1511年反法神圣同盟的产生。然而，尽管他取得了一定的成功，但是教皇的普适梦想很快就被证明是不合时宜的。

尤利乌斯二世的重大失误在于他低估了卷入意大利各个城邦之间争斗的外邦势力在政治上的分量。随后的局势更加清楚地证明了这个事实：把意大利领土变成战场，让外国人自由地干涉意大利内政，最后的结果只能是引狼入室，使西班牙和法国取得了对半岛的控制权。

与尤利乌斯二世的军事扩张政策并行的是他出台的一套宽泛的文化政策，梦想着能复兴罗马帝国昔日的辉煌。他把当时最重量级的艺术家都召唤到身边，比如布拉曼特（Bramante）、拉斐尔和米开朗琪罗。这一招非常奏效，16世纪初期，罗马就取代了佛罗伦萨文艺复兴文化之最的地位，成为意大利至高无上的文化之都。

作为人文主义者的教皇尤利乌斯二世培养了一种与时代口味相适应的对古代文物的热爱之情。他在梵蒂冈的观景楼花园中的古典主义雕塑藏品是16世纪罗马众多贵族豪宅里最宝贵的私家收藏之一，这些贵族有德拉·瓦莱家族（Della Valle）、

艺术人生——米开朗琪罗

赛西家族（Cesi）、萨西家族（Sassi），以及法尔内塞家族等。

而在雅各布·加利——1498年为米开朗琪罗获得圣彼得大教堂《圣殇》这项至关重要的委托的银行家——的藏品中，有一件是米开朗琪罗雕刻的《酒神巴克斯》，现存于佛罗伦萨巴杰罗美术馆。这在梅尔滕·梵·海姆斯凯克创作于1530年前后的一幅画作中得到证实，画中显示在加利的私家花园里的一堆古董中有这座雕塑（图见34页）。

而作为一位委托人，尤利乌斯二世推动了许多伟大作品的创作，

米开朗琪罗"尤利乌斯二世陵墓"的设计稿复原图
第一稿（1505），**第二稿**（1513）
查尔斯·德·托内

教皇格列高利九世颁布教令集
（1509—1511）
拉斐尔
梵蒂冈，梵蒂冈宫
拉斐尔画室

尤利乌斯二世肖像画（1512）
拉斐尔
伦敦，国家美术馆

比如重建圣彼得大教堂，他把这项雄心勃勃的工程委托给了多纳托·布拉曼特。

教皇此后决定，他宏伟壮观的陵墓要放置在这座新教堂中。至于陵墓工程的设计者，教皇想到了米开朗琪罗，他第一次见到米开朗琪罗是在1505年。这座尤利乌斯二世的陵墓，几经筹划建造，但实施起来又变化不断，最后在历经如此复杂多变的情况之后，终于在圣彼得镣铐教堂里安置了著名的摩西像，而此时教皇已去世多年。不过，在教皇的所有委托中，有两项装饰工程显得尤其至关重要。第一项是给拉斐尔的委托，1508年教皇召唤拉斐尔为自己在梵蒂冈宫的新套房绘制湿壁画。这些就是"梵蒂冈客房"（Stanze Vaticane）的画作，其中有著名的杰作《雅典学院》（School of Athens）和《解放圣彼得》（Liberation of Saint Peter from Prison），画中出现的罗马第一任大主教的肖像画集16世纪教皇的各种特征于一身。第二项工程是西斯廷礼拜堂的湿壁画，1508年至1512年，米开朗琪罗的天赋在这里展现得淋漓尽致。

尤利乌斯二世陵墓
（1547年竣工）
墓室右侧全景图
罗马，圣彼得镣铐教堂

摩西（1513）▶
罗马，圣彼得镣铐教堂
* 尤利乌斯二世陵墓局部

湿壁画技法

西斯廷礼拜堂用米开朗琪罗的"湿壁画"装饰而成。湿壁画是一种壁饰绘画技法，先在墙上涂一层粗灰泥，然后在粗灰泥还潮湿的情况下作画。有了这种技法，颜料与基底的灰泥混合物发生了化学反应，一旦变干，就与灰泥融合在一起，永久地凝固在墙面上。

在墙上绘制湿壁画之前需要做一系列的准备工作。首先，要在墙上涂一层由颗粒物组成的粗灰泥层（意大利语称为"rinzaffo"）；其次，再涂上依旧比较粗糙的第二层灰泥（意大利语称为"arriccio"），可以借助木炭和铁锈红（意大利语称为"sinopia"，一种特有的红色棕土）直接在这一层画上草图；最后，在第二层灰泥层上涂上薄薄的、平滑的第三层，画家在表面还是潮湿的情况下迅速提笔作画，这样色料会渗入底层灰泥，与石灰粒牢牢黏合。由于最后这层干得很快，画家只能逐块进行，他要计算出一天能画完的工作量。因此可以通过观察两块不同灰泥层中间的缝隙来计算出整个工期需要耗费多少天。很显然，画家如果打算绘制湿壁画，不仅需要预估他一天能画多少，而且还要画得又快又准（比如米开朗琪罗就画得相当快），这样就能尽可能地在墙面干燥之前做最少的修改，以保证颜料的持久性。在15世纪以前，人们习惯于直接将草图画在灰泥上，而15世纪之后，人们流行使用撒吸墨粉技术和间接压痕技术将草图转描到灰泥层上。

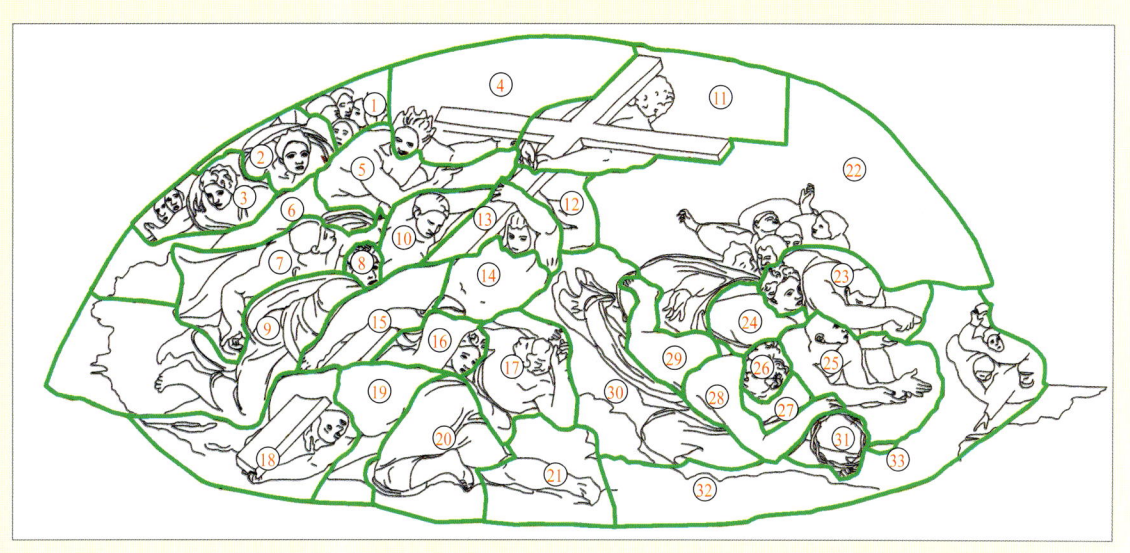

———— 一天工作量的轮廓线　　1，2，3…… 每一天工作的连续编码

湿壁画绘制过程示意图，显示米开朗琪罗将湿壁画的绘制划分成数个工作日进行的高超技艺
（取自《最后的审判》中的一个半月形，这幅画在西斯廷礼拜堂天顶建成多年之后绘制而成）

古老的调色技法

《艺匠手册》(Libro dell'arte)是最早用通俗手法撰写的有关艺术技艺的专著之一,大约写于14世纪末期,在这部著作中,作者琴尼诺·琴尼尼(Cennino Cennini)阐明了米开朗琪罗本人用在绘制西斯廷礼拜堂湿壁画中的一些基本色料的准备步骤和使用方法。

以下摘取了这本书中一些重要的段落:

有关黄色系颜料赭黄的属性

一种天然的黄色系颜料,称为赭黄。在山里某种有硫黄纹理的土壤里能找到这种颜料。……此颜料有两种色度:浅黄色和深黄色。每一种颜料都要在清水里研磨,并且要研磨得很充分,这样才能使颜色变得更完美。值得注意的是,赭黄是一种常见的颜料(尤其是在绘制湿壁画的时候),正如我解释的那样,它被用于绘制肌肤、服饰、山脉、房屋、骑手以及日常生活中的很多事物。这种颜料属于油性的。

有关绿色系颜料赭绿的属性

一种天然的绿色系矿物颜料,称为赭绿。这种颜色有多种特性:偏油性,湿壁画中适用于面部、服饰、房屋的绘制;干壁画中适用于墙、嵌板和任何你想绘制的地方。在清水中研磨,磨得越细,效果越好。

至于颜色的调配,我会给你展示金光闪闪的树干,你可以将金色和赭绿调配使用。注意古人过去常常直接将金子放到这种纯赭绿色的镶板上。

赭黄

赭绿

天青石蓝

"圣乔凡尼"白

* 米开朗琪罗在西斯廷天顶画中使用的几种主要颜料

有关白色系颜料"圣乔凡尼"白的属性

一种天然的白色颜料,但同时需要人工萃取,其方法如下:先将生石灰放入水中进行萃取;再将萃取出的石灰粉放在桶里,放置8天,每天都换一次清水,并且将石灰和水搅拌均匀,这样能去除所有的油脂;然后分成一小堆一小堆的,在屋顶暴晒,每一堆晒得越老,白色的质地就越好。如果你想又快又好地完成,那就在小堆晒干之后将它们放到水里研磨,然后重新堆成小堆,再次晾晒,这样操作两次,你会看到所炼出的白色颜料有多完美。这种白色颜料要与水一起研磨,并且需要彻底捣碎。这种颜料对绘制湿壁画非常有用,如果没有它,你将什么也做不了。

有关群青颜料的属性及其用法

群青是一种贵族色,非常漂亮,完胜所有其他颜色。……如果你想要优质的石料,那么就拿走那块蓝色最饱满的。……放在带盖儿的铜质研钵里捣碎,以免飞进灰尘;之后再放到带盖儿的研钵里研磨,不要加水;然后拿一个带盖儿的筛子,就像药剂师用来制作香料的那种;……研磨得越精细,蓝色的质地就会越好。……从药剂师那儿拿六盎司松脂、三盎司乳香树脂、三盎司新的石蜡,用来调配每一磅青金石,把所有这些材料放在一个新的盆里,一起搅拌均匀。

[摘自《艺匠手册》(1398年之后),琴尼诺·琴尼尼著,君提出版社(Giunti),佛罗伦萨,1943年,45—46页,第49页,52—55页]。

主题的展现

关于主题,是通过在天顶的中央地带分成的9个板块上绘制湿壁画来展现的,其故事均取材于《圣经·旧约》的开篇之作《创世纪》。

9个场景中画幅较小的5个,每一个周围都饰以柱框,四角对称地画上成对的裸体男青年(被称为"奴隶"的著名的20个裸体男青年),他们形态各异、充满活力,手中所持的铜质奖章上刻着《圣经》中《撒母耳记》和《列王记》的故事。从9个场景按照故事情节的逻辑及年代顺序(而不是作画的顺序)来看,因为作品是从末端开始往前画的,我们发现最开始的5个板块展现的是《创世纪》中的如下场景:《神分光暗》《创造日月与动植物》《神分水陆》《创造亚当》《创造夏娃》《原罪·逐出伊甸园》;紧接着是关于诺亚的3个故事:《诺亚祭献》《大洪水》《诺亚醉酒》。

而围绕中央地带的两侧的板块上展现的是7个预言家和5个女先知——每一个名字都写在由裸体爱神托起的牌匾上,他们虽然被认为是属于异教世界的,但依然宣布了基督的降临("如大卫与西比尔之预言",引自12世纪的"愤怒之日")。

在拱形三角穹隅内以及与之相连的弦月窗上,米开朗琪罗绘制了从亚伯拉罕到约瑟夫的"基督的祖先的故事"。

而在四个角落的弧形穹隅内——每个弧形上都装饰了一对青铜裸体男青年,这同样画在了拱形三角穹隅的顶部——画了《圣经·旧约》中所指的"弥赛亚的诺言"的四个场景:《礼拜铜蛇》《哈曼的磔刑》《大卫杀哥利亚》《朱提斯杀荷罗芬尼斯》。

以赛亚先知(1508—1512)
西斯廷礼拜堂天顶画
局部
梵蒂冈

米开朗琪罗装饰前的西斯廷礼拜堂

西斯廷礼拜堂在米开朗琪罗开始绘制天顶的湿壁画之前,是什么样子的呢?旧的装修不像今天这个样子,而是创造了一个严肃的对称结构,允许对大厅进行横向阅读。我们今天依然能在其中的三面墙上看到原来的湿壁画带,一层一层往上:在最顶层的窗户旁边,是关于教皇的系列画,由弗拉·迪亚曼特(Fra Diamante)、吉兰达约、波提切利和科西莫·罗塞利所画;在中间这层,两侧墙上是取材于《旧约》和《新约》(1481—1483)中的两组故事,由当时在安布利亚和托斯卡纳工作最为出色的艺术家所画:佩鲁吉诺、平图里乔、波提切利、科西莫·罗塞利、西诺雷利、巴托洛梅奥·德拉·哥塔(Bartolomeo della Gatta)、吉兰达约和皮耶罗·德·科西莫(尽管祭坛对面墙上的两个场景是16世纪末期翻新的);最后,在最靠下这层,是一些假的帷幔(假帷幔的上方悬挂着为了庄严的典礼而准备的真的挂毯,这些挂毯是按照拉斐尔1515年至1516年所画的草图编织的,这个时间在米开朗琪罗的天顶画完成之后,但是在《最后的审判》完成之前)。我们再也看不到的,正是米开朗琪罗在1508年所见到的,祭坛后面的墙上的装饰画、方弦月窗上的装饰画,当然还有天顶上的装饰画。祭坛后面的墙上还有两扇窗户,侧面装饰着教皇的画像。另外还有佩鲁吉诺所绘制的三幅湿壁画,其中两幅是中间一层两组故事中的前两个故事,还有一幅是《圣母升天》祭坛画(所有这些都被抹除以后画上了《最后的审判》)。那时的天顶上,是皮耶尔·马泰奥·德·阿梅利亚(Pier Matteo d'Amelia)绘制的一幅简单的星空图,米开朗琪罗把天空盖住了,当然不是整个暗化,而是在上面创作了一幅永垂不朽的精湛杰作。

手的画法(约1508)
伦敦,大英博物馆

修复之前的西斯廷礼拜堂天顶画

西斯廷礼拜堂天顶画

"我谨声明于今天，1508年5月10日，我，雕刻家米开朗琪罗，收到了教皇陛下尤利乌斯二世的500达克特金币……开始为教皇西斯都的小教堂绘制天顶画，我即日开工。"米开朗琪罗亲口告知了我们他开始绘制西斯廷礼拜堂天顶画的日期。他很不情愿地接下这项庞大的工程，因为当时他正从事另一个对他来说更具吸引力的工作：也是教皇尤利乌斯二世本人的工程，他曾在1505年委托米开朗琪罗为其修建陵墓，但是教皇后来改变心意，转向优先修建其他工程。米开朗琪罗后来称其为"陵墓悲剧"，这项修建教皇陵墓的工程犹如芒刺在背，持续折磨了他长达40年之久，直到1545年才最终完工。在此期间，雕刻家陷入了与尤利乌斯二世及其继任者们无休无止的争斗中，他们不断变换着想法要建其他工程，使得陵墓修建工程进展缓慢且经常中断。无独有偶，当1508年米开朗琪罗被迫接受为了完成西斯都四世的夙愿绘制西斯廷礼拜堂湿壁画的合约时，他颇具挑衅意味地在署名处签上"雕刻家"米开朗琪罗字样，并且在那个时期的信件中反复重申这一资格。西斯廷礼拜堂的天顶需要再次绘制湿壁画的想法于1504年旧的画作被损坏的时候就产生了，当时天顶上裂开了很长一道口子。而决定将重新绘制天顶画的任务指派给米开朗琪罗着实令人吃惊，因为他的名声显然跟绘画没什么关系，他很少画画。

布拉曼特，尤利乌斯二世宫廷中一位才华横溢的艺术家，对此表示了反对，"我认为他（米开朗琪罗）并不是很想做这件事，因为他就没有画过什么人物。"然而，教皇对米开朗琪罗的技艺表现出了无尽的信任，毅然决然地要将这项委托交给他。教皇这么做，不管是不是出于本意，都再一次在两位艺术巨匠之间发起了挑战，就如米开朗琪罗近期在佛罗伦萨领主广场与他所厌恶的达·芬奇之间的那次对垒。在米开朗琪罗绘制西斯廷礼拜堂天顶画的同时，年轻的拉斐尔带着对米开朗琪罗一如既往的敬仰之情，在"梵蒂冈客房"进行着装饰工作。

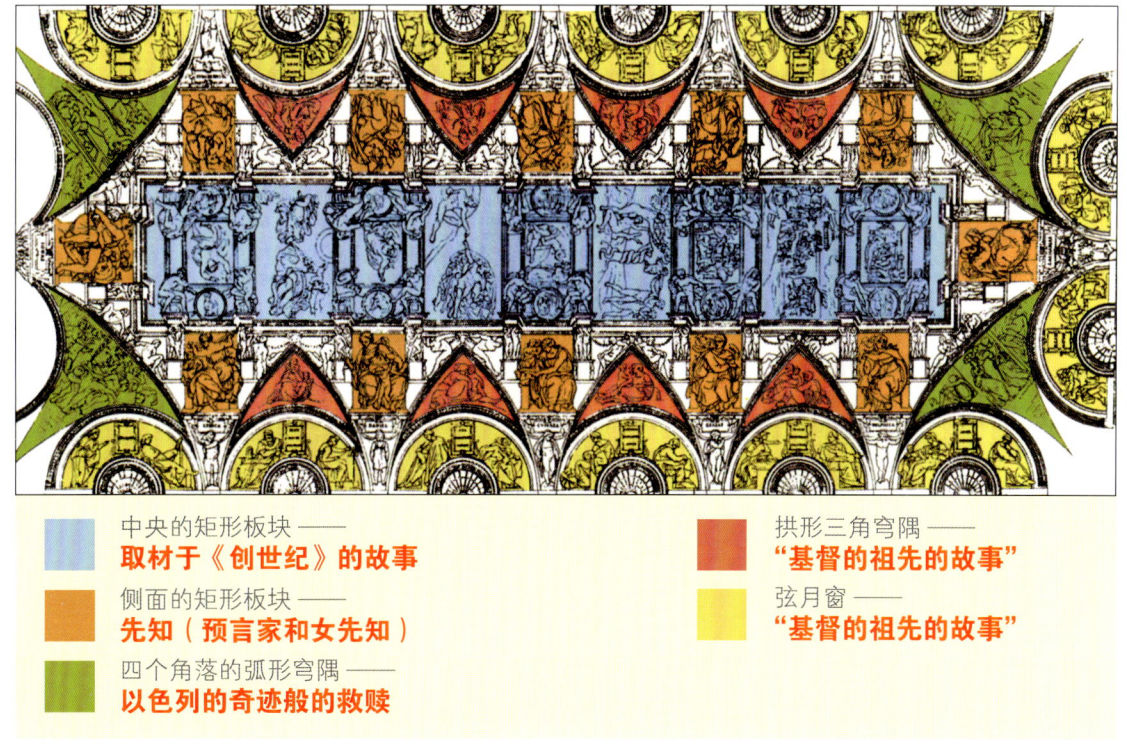

- 中央的矩形板块——**取材于《创世纪》的故事**
- 侧面的矩形板块——**先知（预言家和女先知）**
- 四个角落的弧形穹隅——**以色列的奇迹般的救赎**
- 拱形三角穹隅——**"基督的祖先的故事"**
- 弦月窗——**"基督的祖先的故事"**

西斯廷礼拜堂天顶画多个主题的示意图

西斯廷礼拜堂天顶画

（1508—1512）

梵蒂冈

* 修复之后

但这一次情况完全不同，因为拉斐尔视米开朗琪罗为大师——非常敬重他，他在自己的画作《雅典学院》中把米开朗琪罗描绘成赫拉克利特，以此表达对他的敬意，而在"梵蒂冈客房"的其他画作里，拉斐尔也以西斯廷天顶湿壁画为范例——这位托斯卡纳的天才似乎也很欣赏这个来自乌尔比诺的年轻人。

最初西斯廷礼拜堂天顶画的构图工程非常简单。米开朗琪罗只需要在天顶两侧的拱形穹隅内和四个角落的弧形穹隅内画上令人震撼的十二使徒像，而在中央板块他想挑战极限使用建筑装饰。

然而，在大厅500多平方米的巨型天花板上，这位举世无双的艺术家最终用他的画笔描绘了一幅人类起源的历史画卷，从原始的混沌到赎罪的承诺：用将近336个鲜活的人物，拉开了基督降临的宏伟序幕，具有可塑性的多幅构图与鲜艳的色彩，配以建筑装饰的柱框，形成浑然一体的巨作，看起来似乎向外发散，完全不受严格的文艺复兴透视法的约束。

米开朗琪罗在写于1523年的一封信中提及，他曾向教皇提出诉求，

《厄立特里亚女先知》草图（1508—1512）

伦敦，大英博物馆

要在整个雄心勃勃的计划中体现自己的价值，他声称因为最初的构想对于他来说似乎是"一件贫乏的事情"，于是教皇给了他"一个新的指令，我应该做我想做的，他会满足我的要求"。

然而，考虑到西斯廷天顶画所表达的寓意和理论含义的复杂性和密度，很难相信仅凭一位艺术家的想象，就能涌现出这样一组庞大的湿壁画，无论他是多么得天赋异禀。

设想其更有可能是米开朗琪罗与教廷学识渊博的神学家们合作，他们给出关于主题和构思的建议，

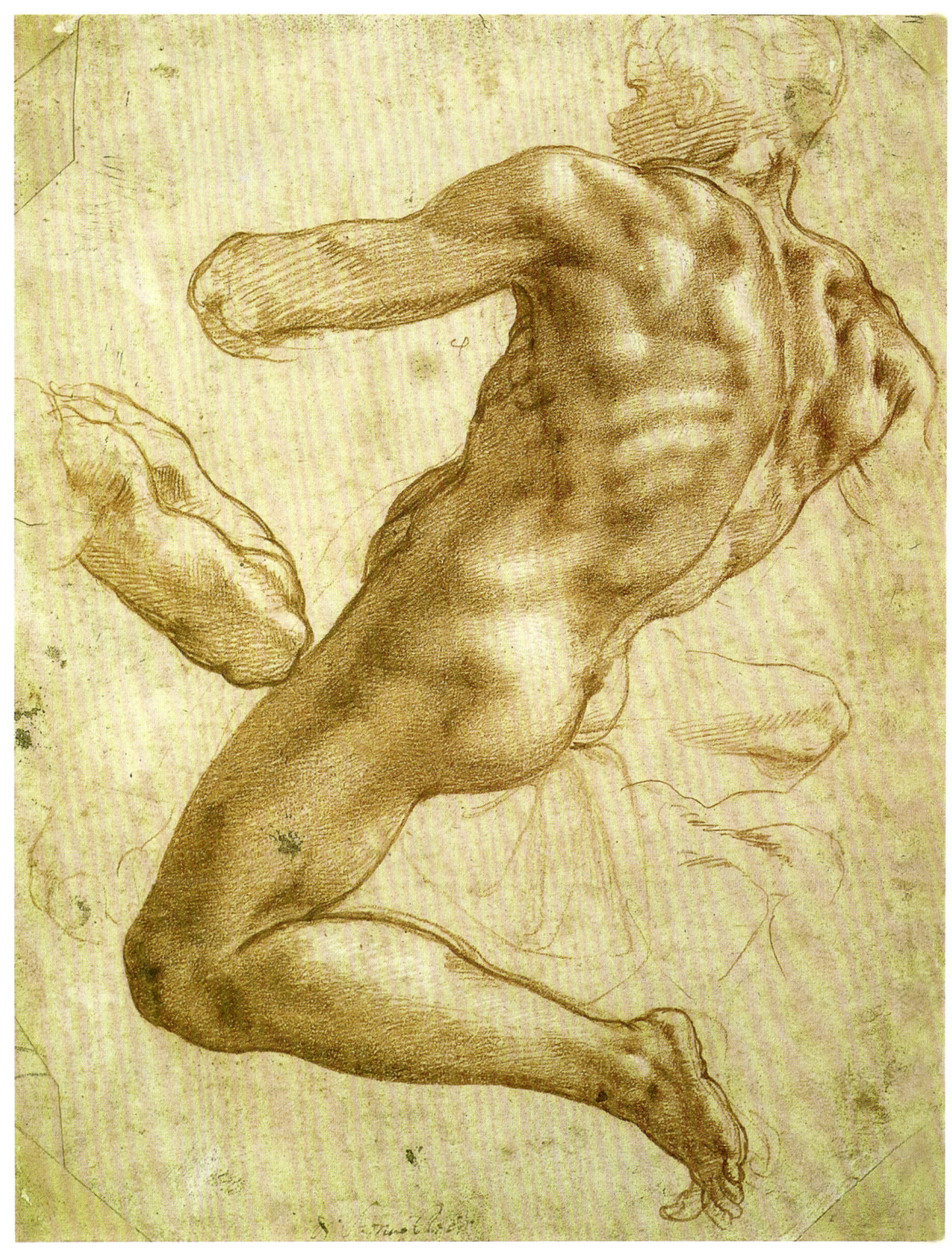

《波斯女先知》草图（1508—1512）
哈勒姆，泰勒博物馆
* 顶部的裸体男青年

然后由艺术家通过自己的方式展现出来。

专家提出的这些名字中有方济各会修士马尔科·维基罗奥（Marco Vigerio）和埃迪奥·达·维泰博（Egidio da Viterbo），后者是马斯里奥·费奇诺在佛罗伦萨的学生。而事实上一种对天顶画的新柏拉图主义解读在批评家中占主导地位，尽管不久之前有一份提议指出米开朗琪罗的湿壁画也许可以用吉罗拉谟·萨伏那罗拉的布道来进行阐释。

最后，米开朗琪罗对于天顶画的设计在某种程度上受到长墙底部图像学规划的限制，大约在15世纪末期，波提切利、吉兰达约、佩鲁吉诺等艺术家已经在两面墙上画了湿壁画，分别描绘了《摩西的故事》和《基督的故事》。

很显然，米开朗琪罗只能再往前追溯，从世界的起源开始。无论如何，让人觉得有趣的是艺术家最初的传记作者们对于其杰作中蕴含的寓意并没有做出解释，只是给出了描述，尽管非常翔实。

米开朗琪罗用了4年时间来完成这组具有首创性的巨型天顶画。据传艺术家只相信自己的力量，他独自一个人工作，性格十分孤僻，不要任何助手帮忙。

事实上，在20世纪80年代末进行的一次修复工作已经揭示了有一小部分工作是由其助手协作完成的，基本是在中央板块的前3个（关于诺亚的）故事以及一些次要元素，比如诸王的奖章以及上面的浮雕和装饰元素。然而，助手进行的每一项工作都是在米开朗琪罗严苛的、直接的管控下完成的，他没有留给助手任何自由发挥的空间，而当时其他著名的艺术家对助手通常不会限制得这么严格（如吉兰达约）。

在湿壁画绘制之前需要进行一系列的准备工作，其中画草图是至关重要的（西斯廷天顶画的草图现已全部遗失），几乎画每一个人物都要非常用心，十分精确。

天顶画的前半部分，除了一两个角色之外，其草图均使用了撒吸墨粉的技术进行转描；而后半部分——局部使用了撒吸墨粉的技术——主要场景普遍使用了压痕法（除了这两种技术都被使用的《创造亚当》），这种方法要求绘制湿壁画的速度更快，更具"即时性"。

随着绘画工作的推进，从礼拜

西斯廷礼拜堂天顶画《朱提斯杀荷罗芬尼斯》场景的构图（约1508）哈勒姆，泰勒博物馆

堂的入口到最里面的祭坛，艺术家的风格日趋成熟，在画到天顶画后半部分的故事的时候，对纪念性主题的构图把握得更好，画面的光感也更强。

天顶画在历经数个世纪之后被灰尘和烟尘染得黑漆漆的，其修复工作为湿壁画点亮了原先的色彩：冷暖对比的、具有透视感的、超乎自然的颜色（完全不同于16世纪那些同时代的威尼斯艺术大师），这些"灵魂"的颜色已经在《圣家族圆形画》中初露锋芒，预示了风格主义的主色调。

1511年8月15日，米开朗琪罗已经完成了一半的工程。随后在礼拜堂为圣母升天节举办的庆典活动中，天顶湿壁画被部分展示。一年以后，也就是1512年11月1日，在诸圣节当天，正式举行了天顶画落成仪式。这是艺术家在一封写给父亲的信中的评论："我画的礼拜堂天顶画已经完工了：教皇非常满意。"

创造亚当（1508—1512）
西斯廷礼拜堂天顶画
局部
梵蒂冈

米开朗琪罗的脾气

"你跟他合不来的。"尤利乌斯二世在抱怨米开朗琪罗的坏脾气时如此感慨道。他就是这么一个很难相处的人——不合群、粗鲁、傲慢、敏感和偏执。

而教皇的性格很强势且脾气很暴躁,因此米开朗琪罗和教皇的关系随时都有暴风雨来临的可能;他对教皇所说的和所做的是其他艺术家想都不敢想的,他甚至因为自己的一次冒险行为而引起了一场罗马和佛罗伦萨之间的外交争端。此事件发生在1506年初,当时米开朗琪罗带着亲自到卡拉拉采石场为尤利乌斯二世陵墓挑选的大理石回到罗马。尽管这项工程是教皇本人委托的,但是他暂时对此失去了兴趣,米开朗琪罗等了很长一段时间,教皇都没有抽出时间接见他。最后,米开朗琪罗被激怒了,他差人带话给教皇,如果想要再见到他,就请教皇亲自来找他,说完,米开朗琪罗就离开了罗马,动身前往佛罗伦萨。教皇接连给佛罗伦萨当局发了三封短信,佛罗伦萨当局终于说服米开朗琪罗,使他回心转意,同意再次与教皇见面并求得教皇的原谅。同年1506年11月,两人终于在博洛尼亚冰释前嫌,那时尤利乌斯二世刚打败博洛尼亚的统治者本蒂沃里奥(Bentivoglio),以胜利者的身份进驻这座城市,但是这个插曲足以见识到米开朗琪罗有多么难以相处,即便是对教皇也不例外。

他离群索居,独自工作,有艺术家把他归为由学者鲁道夫·维特科尔(Rudolf Wittkower)划分的"从土星来的"艺术家之列,受此星球影响,他们似乎被忧郁和异乎常人的坏脾气所控制着。对于米开朗琪罗

米开朗琪罗像(约1566)
达尼埃莱·达·沃尔泰拉
佛罗伦萨,学院美术馆

来说,成为一位天才的代价可能是一生都与孤独和折磨相伴。"我待在这里,内心极度痛苦,并且浑身疼痛,我没有任何朋友,我也不需要,我甚至没有足够的时间填饱肚子。"这位艺术家在1509年写给弟弟博纳罗托的信中这样说道。当时西斯廷礼拜堂天顶画工程已经开始了一年时间。相貌丑陋、衣着破旧、朋友稀少、一不小心就表现得粗鲁无礼的米开朗琪罗马不停蹄地工作着,全神贯注地沉浸在创作的疯癫状态中。他工作起来废寝忘食,经常熬夜,他在纸糊的帽子上插上一支蜡烛,在烛光下工作:这种具有创造性的工具,很神奇地与多年以后出现的另一位"不正常"的天才联系起来:他就是凡·高。凡·高也是借助这种工具,并且设法进行改良,在夜间绘制出了举世瞩目的画作。天才和绝望似乎是共通的,不受时间限制的。

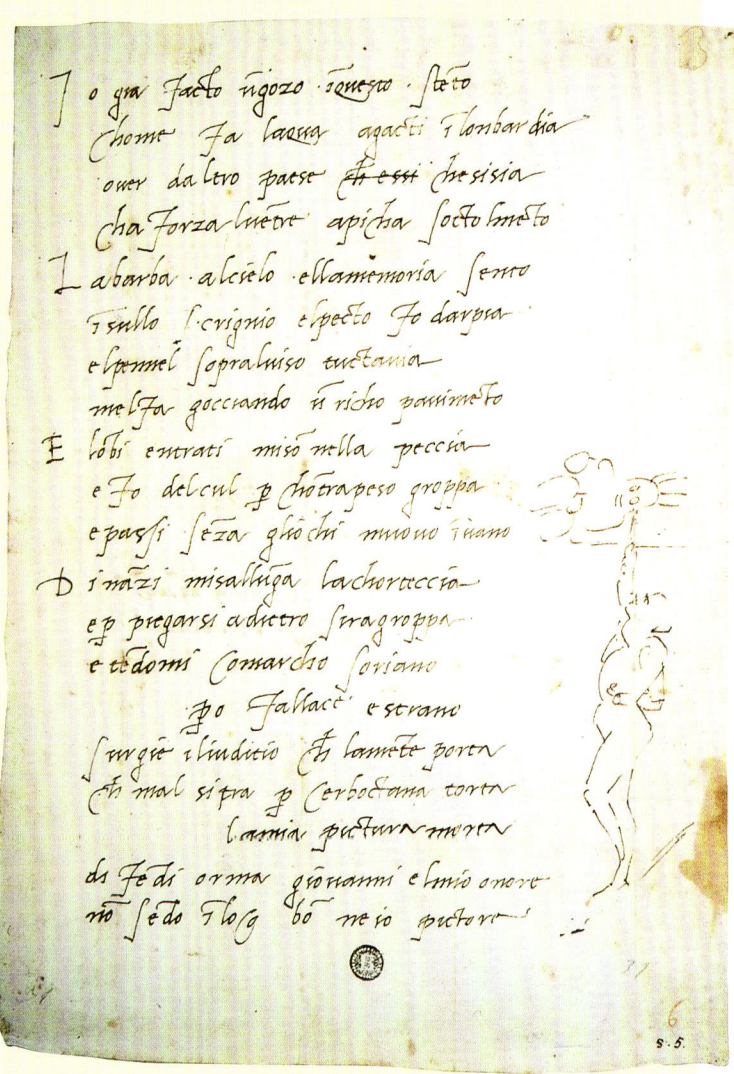

米开朗琪罗的十四行诗手稿(1511—1512)
佛罗伦萨,米开朗琪罗故居博物馆
* 描述自己绘制西斯廷礼拜堂湿壁画时的情景

◀ **长胡子的奴隶**（1519—1530）
局部
佛罗伦萨，学院美术馆
*《四囚徒》之一

1513—1534

在佛罗伦萨的最后岁月

美第奇礼拜堂和《四囚徒》

随着新教皇利奥十世，也就是乔凡尼·德·美第奇的上任，米开朗琪罗·博纳罗蒂重新回到佛罗伦萨工作。就在1512年，也就是这位豪华者洛伦佐的儿子当选为教皇的前一年，美第奇家族重掌政权，这使得罗马共和国的纷争暂告一段落。

很显然，利奥教皇对其故乡定当情有独钟，必须要强调的是美第奇家族重返佛罗伦萨，以重塑其威望。一直以来，米开朗琪罗都是一位雕塑家，现在还违背其个人意愿，成了一名画家。在美第奇教皇的指令下，他又转变为一名建筑师，这也证实了他自己是一位不拘一格的艺术家，与当时"完全的"典型的文艺复兴时期的艺术大家都具有的超高禀赋的特质相符合，比如达·芬奇、拉斐尔或者水平更中等一些的乔治·瓦萨里。教皇委托米开朗琪罗的第一项任务就是修建已经被历史长河遗弃多年的圣洛伦佐教堂的正面。

圣洛伦佐教堂是一座"家族"教堂，一直以来受到美第奇家族的庇护，教堂就坐落在"他们的"领地内，绵延开去是美第奇家族富丽堂皇的府邸，那是由老科西莫委托米开罗佐设计和建造的。

米开朗琪罗于1518年接受了教皇下达的第一项任务，但是一直没有付诸实践，而教堂正面直到今天也没有完工，不过尽管建造简朴，但它依然宏伟壮观，引人瞩目。米开朗琪罗的工程现今只有一个木制的模型留存了下来，保存在佛罗伦萨一座博物馆——"艺术家之家"内，然而本来准备用以装饰的那些雕塑已经不翼而飞了，包括12座雄伟的大理石人物雕像、6座青铜雕像和7座大型浮雕。

虽然第一项任务就这么搁浅了，

但是利奥十世教皇的圣洛伦佐教堂情节依然存在。1520 年，他在红衣主教朱利奥·德·美第奇（Giutio de'Medici）——也就是 1523 年成为教皇的克莱门特七世——的帮助下，要求艺术家以家族的首座陵寝为样板，在教堂里建造一座新的家族礼拜堂。这座陵寝是附属于美第奇家族建筑群的一座礼拜堂，其中的旧圣器室由菲利波·布鲁内列斯基（Filippo Brunelleschi）在 1421 年

佛罗伦萨圣洛伦佐教堂立面木制模型（约 1519）
佛罗伦萨，米开朗琪罗故居博物馆

佛罗伦萨劳伦齐阿纳图书馆的大台阶
（1559）
巴托洛梅奥·阿马纳蒂
＊基于米开朗琪罗的设计方案

新圣器室一览图
佛罗伦萨，圣洛伦佐教堂美第奇礼拜堂▶

内穆尔公爵朱利亚诺·德·美第奇墓（1526—1531）
佛罗伦萨，圣洛伦佐教堂新圣器室美第奇礼拜堂

乌尔比诺公爵洛伦佐·德·美第奇墓（1525—1527）
佛罗伦萨，圣洛伦佐教堂新圣器室美第奇礼拜堂

至 1426 年设计建造。

菲利波·布鲁内列斯基建造的圣器室——内部空间由艺术家多纳泰罗和韦罗基奥装饰——用来安放老柯西莫的父亲乔万尼·迪·比齐的遗体以及老柯西莫的两个儿子皮耶罗·德·美第奇和乔万尼·德·美第奇的遗体,而现在委托米开朗琪罗建造的礼拜堂是用作豪华者洛伦佐和他的弟弟朱利亚诺以及那些美第奇家族年轻一代的墓冢,他们有的刚去世不久,有的很早之前就已经去世了:如内穆尔公爵朱利亚诺(豪华者洛伦佐的儿子和利奥十世的弟弟)、乌尔比诺公爵洛伦佐(教皇的侄子)。

这项佛罗伦萨的新委托产生了代表米开朗琪罗最高成就的作品之一,圣洛伦佐教堂的新圣器室后来与 17 世纪的"君主礼拜堂"共同被归为美第奇礼拜堂遗址。

为了与布鲁内列斯基的旧圣器室相对称,新圣器室也采用了方形结构,配以半球形圆顶,并且采用"塞茵那石"材质建造(位置在教堂耳堂的另一边)。不仅神似,而且"形似"。

然而,米开朗琪罗的设计,

内穆尔公爵朱利亚诺·德·美第奇墓(1526—1531)
雕像局部
佛罗伦萨,圣洛伦佐教堂新圣器室美第奇礼拜堂

乌尔比诺公爵洛伦佐·德·美第奇墓(1525—1527)▶
雕像局部
佛罗伦萨,圣洛伦佐教堂新圣器室美第奇礼拜堂

晨（1525—1527）
局部
佛罗伦萨，圣洛伦佐教堂新圣器室美第奇礼拜堂

内部看起来更加紧凑和富有戏剧性——与所参照的旧圣器室相比——表现出非常复杂的特点：视觉冲击力极强，令人印象深刻，建筑和雕刻相呼应，创造出一个充满神秘象征主义的地方，其重要意义至今依然为专家们所争论。就这位伟大的艺术家的其他作品而言，这里也用新柏拉图主义的阐释似乎是最恰当的。

按照新柏拉图主义的阐释，新圣器室作为一个整体应当被认为是宇宙的具象，包括重叠交叉的三界：地狱、人间和天堂。在他们的陵墓里，已逝者的灵魂在寓意时间和流水的雕像的看护下（后者并未完工）将升上通往由圣母象征的永生。

不幸的是，美第奇家族子孙后代的陵墓只完成了两座，是美第奇家族最年轻的一代的两位公爵的陵墓。雕像雕刻的是艺术家心目中的理想形象，而不是人物现实生活中的样子，乌尔比诺公爵洛伦佐被雕刻成沉思状（瓦萨里称他为"思考者"），而内穆尔公爵朱利亚诺则被塑造成罗马帝王的形象，身披盔甲，手持权杖。

每一座墓里都有两座具有寓意

晨（1525—1527）
佛罗伦萨，圣洛伦佐教堂新圣器室美第奇礼拜

的雕塑，其中有米开朗琪罗最杰出的作品：朱利亚诺的石棺上的《昼》与《夜》，洛伦佐的圣体安置所上的《晨》与《暮》。米开朗琪罗还雕刻了漂亮的《圣母与圣子》放置在祭台的对面。

这座雕像的两侧分别是美第奇家族的守护神圣葛斯默和圣达弥益的雕像（由米开朗琪罗的两位学生——乔凡尼·安吉洛·蒙托索里（Giovanni Angelo Montorsli）和拉斐尔·达·蒙特卢波——雕刻），他们庄严地站立在简朴的石棺上，石棺里安放着豪华者洛伦佐和他的弟弟朱利亚诺的遗体，朱利亚诺在1478年发动的"帕齐阴谋"中被谋杀。

圣母与圣子（1521—1534）
佛罗伦萨，圣洛伦佐教堂新圣器室美第奇礼拜堂

晨（1525—1527）
局部
佛罗伦萨，圣洛伦佐教堂新圣器室美第奇礼拜堂

昼（1526—1531）
佛罗伦萨，圣洛伦佐教堂新圣器室美第奇礼拜堂

正如我们之前所提到的，米开朗琪罗本来还被要求雕刻四座富含寓意的《河》群体雕塑放在地面上，另外再雕刻四座雕像放在两位公爵旁边的壁龛上，但是这些雕像一座都没有完成。

这项工程一直没有完成，既有政治原因（1527年"罗马浩劫"之后，美第奇家族再次被放逐，佛罗伦萨恢复了共和制），也有艺术家个人的原因，米开朗琪罗于1534年毅然动身前往罗马。于是，完成礼拜堂的任务后来被指派给了乔治·瓦萨里和巴托洛梅奥·阿马纳蒂（Bartolomeo Ammannati），他们从1554年工作到1555年。

1519年，也就是在开始建造圣洛伦佐教堂的新圣器室之前，米开朗琪罗已经开始雕刻四座《囚徒》雕像了。这些雕像的命运与那项遥遥无期的工程——尤利乌斯二世陵墓紧紧相连，后者在1516年重新签署了一个有重大修改的新合同。

由于这段时间米开朗琪罗承接了很多委托任务，使得这几座雕像命运多舛，其完工程度远不如为同一座陵墓雕刻的另外两座雕像，即存于罗浮宫的宏伟壮丽的《垂死的

夜（1526—1531）
佛罗伦萨，圣洛伦佐教堂新圣器室美第奇礼拜堂

奴隶》和《被缚的奴隶》。

但是这种未完工之美——可能是故意为之，也可能不是——其残缺不全的状态充分反映了米开朗琪罗的雕刻理念，他认为雕刻就是一种将形体从材料中解放出来，将一种已经存在于大理石块中的思想提取出来的过程，这种理念在裸体《四囚徒》上得到了淋漓尽致地展现，他们似乎正在从禁锢他们的石头中挣脱出来。

当米开朗琪罗于1564年去世时，《四囚徒》就放在艺术家位于佛罗伦萨莫扎街（Via Mozza）的工作室内。他的侄子列奥纳多把它们赠送给了科西莫·德·美第奇一世大公。不久之后，也就是在1586年，这些雕塑被放置在皮蒂宫的花园——波波利花园——一个让人无限遐想的环境中：由贝尔纳多·布翁塔伦蒂（Bernardo Buontalenti）于1584年至1587年建造完成的"洞窟"中。它们一直矗立在那里直到1908年，显然是出于文物保护的目的，它们与连着的坯子一起被转移到了别的地方进行安置。现在，它们被安放在佛罗伦萨的学院美术馆内，供人参观。

阿特拉斯（1519—1530）
佛罗伦萨，学院美术馆
*《四囚徒》之一

长胡子的奴隶（1519—1530）
佛罗伦萨，学院美术馆
*《四囚徒》之一

年轻的奴隶（1519—1530）
佛罗伦萨，学院美术馆
*《四囚徒》之一

苏醒的奴隶（1519—1530）
佛罗伦萨，学院美术馆
*《四囚徒》之一

米开朗琪罗与风格主义

米开朗琪罗对他同时代的艺术家的影响是巨大的。他的作品对15世纪中期意大利最为时兴的风格主义艺术潮流的发展起着决定性的作用。这可能是他留给我们的最重要的遗产,加之米开朗琪罗没有能产生重大影响的学生,在《艺苑名人传》中——第一版可追溯至1550年,米开朗琪罗75岁时开始雕刻《班迪尼圣殇》(*Bandini Pietà*)——乔治·瓦萨里赞扬了这位来自卡普雷赛镇的天才绝对的至高无上的地位,此时他的艺术造诣也达到了顶峰。达·芬奇·达·芬奇、布拉曼特和拉斐尔也被瓦萨里认为是本书作者所称的"风格主义第三个时期",或者说是"现代风格时期"技艺精湛的阐释者,他打算用这些表达方式来表示这种样式,艺术在他所在的16世纪达到了正式阶段。在瓦萨里看来,伴随着"现代风格时期"的到来——在经历了14世纪"风格主义"的第一个时期和15世纪风格主义的第二个时期之后——艺术臻于完美。而根据作者在《艺苑名人传》中所述,由于艺术的目的就是模仿自然(意大利语称为"mimesis"),但并不是所有艺术家都擅长于此,他建议以一些杰出的大师的作品作为范本,比如达·芬奇、布拉曼特、拉斐尔和米开朗琪罗。正是在"风格主义"这个术语所总结出来的新敏感性的标志下,这些因素为瓦萨里及其学院于1567年至1577年在佛罗伦萨获得成就提供了理论基础。但是在表述这些概念的时候,这位不拘一格的16世纪的艺术家仅仅是把托斯卡纳内某段时间已经存在的一种趋势制成典范,并且逐渐巩固下来。

风格主义,实际上1520年前后就在佛罗伦萨创立了,也就是拉斐尔去世的这一年,这一年通常被认为是这项运动开始的时间。在佛罗伦萨,诸如罗索·菲伦蒂诺(Rosso Fiorentino)、蓬托尔莫、帕尔米贾尼诺(Parmigianino)等年轻艺术家的绘画受到这些同时代艺术大师的影响,特别是米开朗琪罗——他在1516年回到了佛罗伦萨,他产生的影响尤其显著。对于佛罗伦萨"最初的风格主义"(通常称为第一时期的佛罗伦萨风格主义,以区别于罗马的风格主义,那股潮流蔓延至整个16世纪的意大利和欧洲)艺术家

摩西保护叶忒罗的女儿们（约1523）
罗索·菲伦蒂诺
佛罗伦萨，乌菲兹美术馆

来说，米开朗琪罗的作品就是一种信条，一种要努力研究的文本。以蓬托尔莫为例，对米开朗琪罗的崇拜因为这两位艺术家的友谊而得到加深，有人曾猜测蓬托尔莫于1511年到罗马旅行，那时候西斯廷礼拜堂的穹顶几近完工。西斯廷湿壁画被认为是佛罗伦萨风格主义艺术家的典范，当然还有《圣家族圆形画》。

在米开朗琪罗第一幅起关键作用的重要的木板油画作品中，其实已经包含了一些后来成为风格主义艺术形式规范的要素：圣母做向后扭转动作时弯曲的线条，后来发展成风格主义作品人体扭曲拉长的典型画法，还有鲜明的色彩对比，以及色彩斑斓的笔调——之后在西斯廷天顶画中甚至更加精细——在风格主义油画中也是被反复重申。

而蓬托尔莫在1525年至1528年为佛罗伦萨圣费利西塔教堂所画的《基督下十字架》（Deposition），非常明显有米开朗琪罗的影子，佛罗伦萨早期风格主义代表作中就有出自这位画家之手的两幅圣人图，一幅是于1519年至1520年为他出生地的乡村教堂（佛罗伦萨恩波利桥附近）所画，另外还有罗索·菲伦蒂诺于1523年所画的《圣母的婚礼》（Marriage of the Virgin）。就在罗索的这幅祭坛装饰画完成4年之后，促使"风格主义"席卷整个意大利并蔓延至整个欧洲的事件发生了。1527年，罗马被查理大帝的雇佣军践踏，成为一片废墟。这就是极具灾难性的罗马浩劫事件，其后果就是导致大量艺术家流离失所，他们开始崇拜16世纪早期的艺术大师并且进行模仿，尤其是模仿米开朗琪罗。事实上，在1520年至1527年的罗马，生活和工作着一些

基督下十字架（1525—1528）
蓬托尔莫
佛罗伦萨，圣费利西塔教堂卡波尼礼拜堂

班迪尼圣殇（1550—1555）▶
佛罗伦萨，圣母百花大教堂

未来的伟大的风格主义阐释者，比如波利多罗·达·卡拉瓦乔（Polidoro da Caravaggio）、佩林·德尔·瓦加（Perin del Vaga）、帕尔米贾尼诺、罗索·菲伦蒂诺以及朱利奥·罗马诺（Giulio Romano），不过，他1524年去曼托瓦定居了。后来，当罗马从罗马浩劫这毁灭性的打击中恢复元气，并再一次成为世界及文艺复兴的中心时（1534年米开朗琪罗毅然回到罗马），有几位16世纪佛罗伦萨后期风格主义者来罗马旅居，比如瓦萨里、罗索·菲伦蒂诺和布伦齐诺（Bronzino）。

他们的作品即将给佛罗伦萨带回——就如人们曾看到的那样，第一代风格主义者的摇篮——一种"回归的"风格主义，考虑到它在罗马的发展，使托斯卡纳与罗马共同成为另一种新的风格的基本支柱。

最后一点，要注意"风格"（manner）这个词的概念从18世纪才开始等同于"风格主义"（Mannerism），尤其到了19世纪末期变得根深蒂固，那时"风格主义"这个术语用来指16世纪的后拉斐尔主义美术作品，具有指责意味，指责对范本干巴巴地模仿，指责过于注重技巧，

布鲁图斯（1539—1540）
佛罗伦萨，巴杰罗国家博物馆

指责探究人为的美以及指责对风格和形式化的优雅过分地崇拜。

所以，"风格"这个词最初并没有负面意思，只是后来才成了我们时代的主流。根据乔治·瓦萨里的说法，对16世纪早期的艺术大师的模仿是一种充满激情的想法，是一种高尚的行为。

通常来说，在15世纪和16世纪——这适用于所有艺术准则——模仿并不意味着复制，而是向典范看齐，其模仿对象越能启发灵感，就越完美。

胜利（1532—1534）
佛罗伦萨，维奇奥宫/
旧宫

艺术人生——米开朗琪罗

◀ **圣保罗的皈依**（1542—1545）
局部
梵蒂冈，保利纳小教堂

1535—1564

《最后的审判》那些年

16世纪中期的罗马

1527年，一支大军洗劫了罗马城，这场富有戏剧性的罗马浩劫发生在教皇克莱门特七世统治期间，它不仅是这座城市以及教皇的劫难，而且也是整个基督教世界的劫难。罗马自古以来就被认为是一座神圣不可侵犯之城，自公元410年西哥特首领阿拉里克一世（Alaric）攻陷罗马帝国以来，还没有人目睹过如此一场亵渎神灵的劫掠。

在查理五世的雇佣兵军队大肆入侵罗马之后，这座永恒之城在9个多月里一直是一片废墟，传播着恐惧和死亡，造成的损失无以计数。面对如此境况，罗马依然能够重新崛起——幸亏教皇和国王之间达成和平条约，克莱门特七世于1530年正式加冕查理五世为罗马帝国的皇帝。很明显，由于这场浩劫，好战的尤利乌斯二世和利奥十世、克莱门特七世这两位来自美第奇家族的教皇，他们想要将罗马重塑成"世界之都"（"caput mundi"）的梦想在政治层面上被彻底粉碎了，因为它显示了意大利和其小城邦在几个大国之间的激烈冲突中变成了一帮小兵小卒，任人踩踏。不过，当时还有一个现实情况是，从16世纪早期开始，文艺复兴文化的中心已经从佛罗伦萨转移到了罗马，这股潮流在罗马依然相当活跃，它使得罗马在文化上占据了至高无上的地位，成了欧洲的文化之都。首先，米开朗琪罗于1534年来到罗马，他具有崇高的声望，是当代艺术家公认的楷模。米开朗琪罗毅然决定在这座教皇统治的罗马城定居，一住就是30多年，直到他去世。在这里，他绘制了举世名作——西斯廷礼拜堂的《最后的审判》。其次，聚集在罗马的艺术家，在罗马浩劫之后流离失所，他们把在罗马发展起来的艺术风格在整个意大利和欧洲其他国家传播开来，尤其是其中的某一种风格（即后来为人们所熟知的"风格主义"）以16世纪早期罗马艺术界最为著名的三位巨匠为典范进行学习：布拉曼特、拉斐尔和米开朗琪罗。最后，收藏古代文物的时尚潮流使得教皇的宫廷里以及罗马贵族们奢华的寓所里摆满了宏伟的画作，这股潮流继续繁荣发展，比如法尔内塞家族的藏品，尤其在克莱门特七世去世之后，这个家族的一员成为教皇，其名号是保罗三世，此人使该家族的藏品越来越丰富多样。

不过，除了在文化上至高无上的地位之外，还有一个原因使得16世纪中期的罗马依然是欧洲的焦点：路德改革派的发展壮大，引起了天主教教廷及其教皇职权的危机。1517年初爆发了一场反对教皇和罗马教廷的动乱，一个名叫马丁·路德的德国僧侣，在萨克森州的威登堡大教堂门上张贴了95条论纲，逐渐削弱了天主教等级制度和天主教教义权威的根基。路德此举道出了民众对罗马教廷普遍不满的心声，因为罗马教廷不断压迫民众并强制要求他们对其致敬——这就是他的思想能如此快速地得到广泛认可的原因。于是，16世纪罗马的文化大潮里还充斥着宗教的动乱，即整个天主教世界发起的反对路德教"威胁"的动员。罗马教廷开始大规模反击，初步拟定了反宗教改革的教规和规定。天主教回应的第一幕便是在教皇保罗三世的主持下，于1545年召开了特伦托大公会议（Council of Trent），会议召开的时间是在米开朗琪罗完成西斯廷礼拜堂《最后的审判》的4年之后。

最后的审判 ▶
（1536—1541）
梵蒂冈，西斯廷礼拜堂

《最后的审判》

"罗马浩劫"之耻过后，来自美第奇家族的克莱门特七世教皇与查理五世签订了合约，承诺加冕查理五世为罗马帝国的皇帝，而作为交换条件，查理五世要帮助他重拾美第奇家族在佛罗伦萨的统治权。据此，帝国的军队于1529年包围了佛罗伦萨城。米开朗琪罗是佛罗伦萨共和国制度的捍卫者之一，他亲自设计了多个防御工事。到了1530年，佛罗伦萨精疲力竭，被迫投降，美第奇恢复了统治权。尽管在近几年的战争中米开朗琪罗顽强抵抗，但他依然得到了宽恕，重新回到修建美第奇家族陵墓的工作中。然而，抑或是美第奇家族亚历山德罗公爵的专制统治——后来于1537年被其堂兄洛伦奇诺所杀——抑或是父亲的过世，米开朗琪罗于1534年离开了佛罗伦萨，动身前往罗马。这一次的离开成为最终的归宿，他一去就是30年，直到去世都没有再回到佛罗伦萨。

当艺术家到达罗马时，克莱门特七世教皇刚去世不久。他的继任者是红衣主教亚历山德罗·法尔内

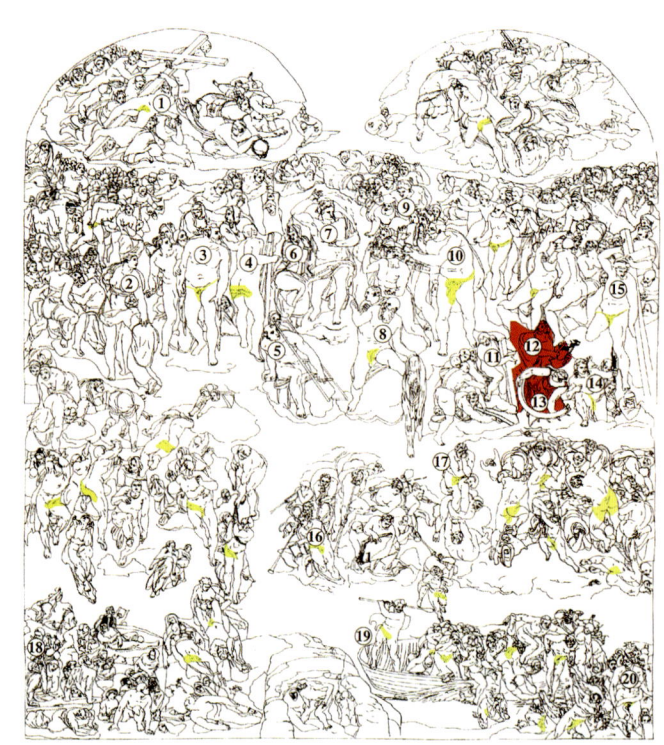

 用干壁画的方法添画　　■ 用湿壁画的方法修改

1 大天使加百列（？）
2 奈欧比（或是夏娃）（？）
3 施洗者圣约翰（或者是亚当）
4 圣安德烈
5 圣劳伦斯
6 圣母玛利亚
7 审判者基督
8 圣巴多罗买
9《福音书》作者圣约翰
10 圣彼得（或者保罗三世法尔内塞）
11 迪斯
12 圣布莱斯
13 亚历山大的圣凯瑟琳
14 圣塞巴斯蒂安
15 古利奈人西门
16 拿着《选民书》的大天使米迦勒
17 为绝望而骄傲或诅咒
18 克莱门特七世（？）
19 夏龙
20 米诺斯（教皇的礼仪总管比亚吉奥·达·切塞纳）

《最后的审判》示意图

* 传统的人物识别以及达尼埃莱·达·沃尔泰拉1565年所做修改之处的标示

塞，他是当时最高雅的文人和收藏家之一，他的珍藏包括一些古代雕塑，比如《赫拉克勒斯》和《公牛》，后来用他的名字法尔内塞来命名。

新教皇上任后改称为保罗三世，他委托米开朗琪罗继续开展一项工程，这项工程是克莱门特七世在世时已经规划好的，包括继续装饰西斯廷礼拜堂，工程始于天顶的湿壁画，现在要以在祭坛上方的墙面上画完一幅巨型的《最后的审判》作为结束。因此，在1536年，也就是距上次在西斯廷礼拜堂从事装饰工作的24年之后，艺术家重返了这个工作岗位。

绘制新的湿壁画就需要毁掉佩鲁吉诺之前创作的3幅画以及其他在15世纪进行装饰工作时就已经绘制好的人物形象，还有米开朗琪罗本人在1512年绘制天顶画时在其中两个弦月窗上的画作。米开朗琪罗用史诗般的宏伟场景和令人难忘的人物形象阐述《最后的审判》的主旨，这些人物形象部分是从但丁·阿利基埃里（Dante Alighieri）的《神曲：地狱篇》中汲取的灵感。

构图大致分为三个阶层，顶部两个弦月窗上绘制的是无翼天使簇拥着十字架等代表基督受难的符号。在画面底部阶层，左侧展现的是死者在末日复活，右侧展现的是通往地狱的引渡人"卡戎"（Charon），正将被打入地狱的亡灵引渡过河，米诺斯（Minos）正在审判他们。

最后的审判（16世纪中期）
朱利奥·克洛维奥
佛罗伦萨，米开朗琪罗故居博物馆
* 米开朗琪罗的摹本。这幅画作显示了米开朗琪罗的湿壁画在1564年之前的样貌，其中一些裸体人物被用纱带遮掩起来了。

塔德奥·祖卡里复制米开朗琪罗的《最后的审判》（1590年之后）
费德里科·祖卡里
巴黎，贝塞尔画廊

在中间阶层，最中心部分出现了一群吹起最后的审判号角的天使，左侧受到祝福的人正升往天国，右侧被诅咒的人则堕入地狱之火。最后，在最上面的阶层，站立着威严的审判者基督，身旁陪伴着圣母玛利亚，四周围绕着众多选民。

通过比照到那个时候为止已经流传下来的关于这个题材的传统的意大利图像学研究，批评家们一致认为米开朗琪罗的《最后的审判》完全是具有创新意义的。不仅安排的人物形象不同（特别是那些扛着基督殉难时的刑具的天使和吹奏号角的天使），而且从构图上也不是按照顺序一板一眼地归置在某一个阶层，而是通过基督抬起手臂的动作创造出一种旋涡状的即视感，其画面构图并不是采用某种单一的构图法，而是通过一股旋涡的力量让众多裸体巨人成簇地悬浮起来。事实上，近期的研究表明，西斯廷湿壁画的类型学与北方传统上对《最后的审判》的表现方式如出一辙，这通过与罗吉尔·凡·德尔·维登（Rogier van der Weyden）1443年至1451年在博纳（Beaune）所创作的一幅画对比可以看出，这位画家可能是米开朗琪罗在比萨公墓研究布法马克（Buonamico Buffalmacco）所创作的14世纪的湿壁画时了解到的，并将其作为图像学的学习典范。

审判者基督（1536—1541）
《最后的审判》局部
梵蒂冈，西斯廷礼拜堂

《最后的审判》草图（约 1533—1535）
巴约讷，法国博纳博物馆

《最后的审判》草图（1533—1534）
佛罗伦萨，米开朗琪罗故居博物馆

《最后的审判》草图（1534）
佛罗伦萨，乌菲兹美术馆

《最后的审判》于1541年全部完工。米开朗琪罗是从顶部最左边的这个弦月窗开始绘制湿壁画的，然后循序渐进地向下进行。对于所有主要人物，他都事先绘制好草图。

在绘制草图的时候，顶部用撒吸墨粉技术进行转描，这种技术适用于描绘对精确度要求较高的湿壁画；底部用间接压痕法进行转描，用这种方法画出的图案轮廓要模糊一些，效果也不太精细。

1990年至1994年对西斯廷礼拜堂天顶的湿壁画进行了修复，使得原先很脏的画面变白了，提亮了，颜色光彩夺目了。这让一些人难以接受，因为他们一直认为《最后的审判》本就应该是一幅色调昏暗的旷世杰作，画作主题的可怕性似乎也应通过颜色的暗淡来表达：这种色调为19世纪的浪漫主义画家提供了源源不断的灵感，比如布莱克（Blake）和德拉克洛瓦（Delacroix）。德拉克洛瓦正是以西斯廷礼拜堂《最后的审判》当时的样子为典范，并激发灵感，在他1822年的画作《但丁的渡舟》（*Dante's Boat*）中使用了昏暗的颜色。针对在大清洗行动中发现的这些生动色彩，批评家们开始猛烈的抨击，他们坚决认为米开朗琪罗原本就是"很脏的"，数个世纪以来大家都是这么认为的。

米开朗琪罗在《最后的审判》中突出使用了昂贵的青金石（群青）作为蓝色颜料，用这种色料画出的天空呈现出十分强烈的蓝色色调，对整幅画的效果起了决定性作用。

圣母玛利亚▶
（1536—1541）
《最后的审判》局部
梵蒂冈，西斯廷礼拜堂

人们也注意到画中有多处地方被做了修改和添画,还有些干笔是在画完许多天之后才加上的润饰。

为了开展这项宏大的工程,米开朗琪罗虽然很不情愿接受任何协助,但是在绘制草图阶段还是雇用了其中一个学生——乌尔比诺(即弗朗西斯科·阿马多里),而且他很有可能也进行了其他协助——也许是当米开朗琪罗从脚手架上摔下来弄伤了腿的时候——画了一些诸如上升的亡灵之类的形象,其水平明显要低很多。传统上认为米开朗琪罗所画的一些形象代表了当时现实生活中的人:圣彼得是保罗三世的化身;米诺斯代表了教皇的礼仪总管比亚吉奥·达·切塞纳(Biagio da Cesena),他在大师的《最后的审判》的庆祝典礼上对画作进行了批判,于是艺术家伺机报复;圣巴多罗买被认为是作家彼得罗·阿雷蒂诺(Pietro Aretino),而在这位圣人握在手里的殉道者的人皮上,米开朗琪罗可能是把自己的脸画了上去。

在1545年,也就是《最后的审判》揭幕4四年之后,保罗三世迫于压力召开了特伦托会议,这是罗马教会对新教改革的推进做出回应的尝试。新教改革由1517年马丁·路德的论纲发起,现在已经在北欧原天主教的民众中建立了自己的地位。在特伦托会议之后,紧接着一场严厉的扫荡席卷了当时依然保留天主教的所有国家,在严格遵守教义的要求基础上又施行了一系

天使

（1536—1541）

*《最后的审判》在 1994 年的修复工作进行之前和进行之后，位于右边的弦月窗的局部

会议于 1563 年闭幕，在其施行的诸多措施中有一条是对《最后的审判》中的裸体形象进行审查，因为它们被认定是淫秽的。这项措施于 1564 年 1 月开始施行。米开朗琪罗在此一个月之后的 2 月 18 日去世了。为他的裸体形象盖上"遮羞布"的任务被指派给了他的一位好友兼学生——达尼埃莱·达·沃尔泰拉（Daniele da Volterra）。于是，这位艺术家因为给大师所画的裸体穿上了"内裤"而被戏称为"内裤制造商"，他于 1565 年完成了任务，其中一些人物的绘制使用了湿壁画技法，比如圣布莱斯和圣凯瑟琳，这两个人原本是全裸的，其中一个横卧在另一个上面，这样的位置被认为是暧昧不清的。

不过这位"内裤制造商"所做的修改并不是对《最后的审判》采取的唯一的审查干预，这样的审查可能从 16 世纪持续到了 18 世纪。对于这些"内裤"，最近的一次修复是相当保守的，保留了达尼埃莱·达·沃尔泰拉以及大部分后来进行的添画，这是出于文物保护原则的考虑，把具有历史价值的一切都保存了下来。

最后的审判（1549）
马尔切洛·韦努斯蒂
那不勒斯，卡波迪蒙特国家博物馆
* 米开朗琪罗《最后的审判》摹本

保利纳小教堂

　　《最后的审判》不是米开朗琪罗最后的画作,也不是艺术家在梵蒂冈最后的作品。在1542年,也就是宏伟的西斯廷礼拜堂湿壁画完工后的一年,保罗三世又委托米开朗琪罗装饰保利纳小教堂,其最近刚由安东尼奥·达·桑加罗建造完成。显然米开朗琪罗不能拒绝,但是他发现自己实在是超负荷工作,而且正陷于遥遥无期的尤利乌斯二世的陵墓修建工程的泥潭中,还有他的新任务,比如担任法尔内塞教皇的建筑师:翻新教皇的家族官殿、设计和规划卡比托利欧广场(Piazza del Campidoglio),尤其重要的是继续担任圣彼得大教堂的结构总设计师,这个职位是在1546年被委任的。因此,保利纳小教堂的湿壁画并不是米

保利纳小教堂拱顶
(1542—1550)
梵蒂冈

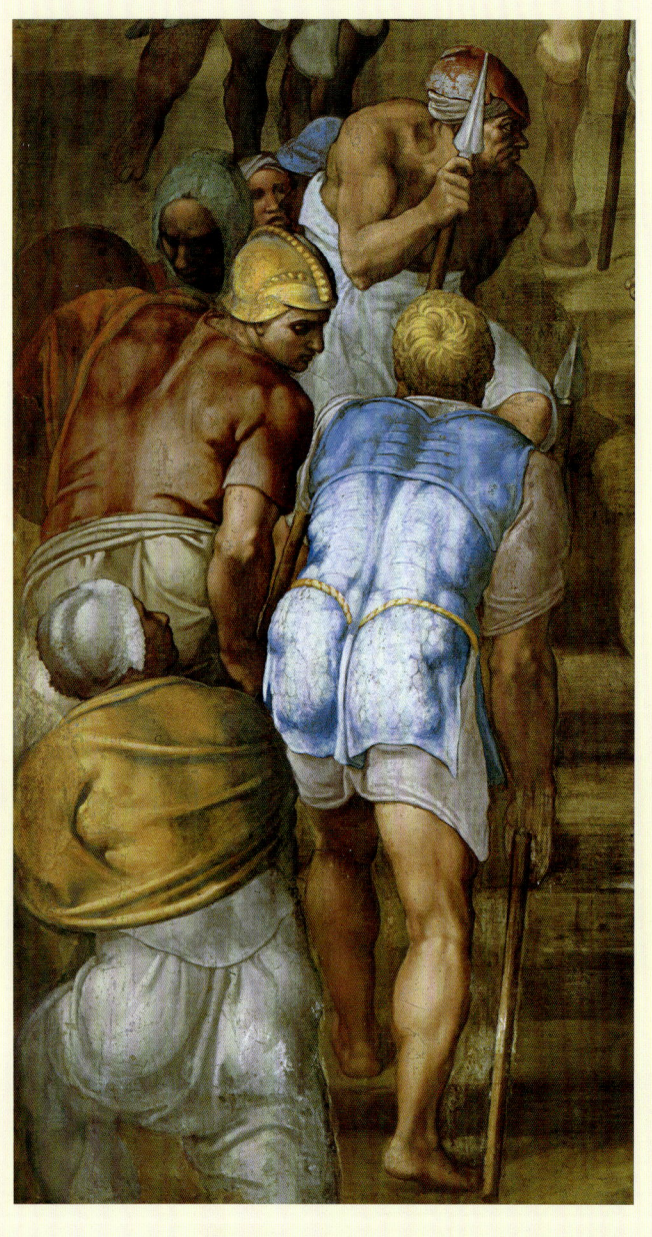

圣彼得受难（1542—1545）
全图和局部
梵蒂冈，保利纳小教堂

开朗琪罗最好的作品，这并不让人意外，不仅考虑到他的其他多项委托，而且还有米开朗琪罗已然 70 岁的年龄。画在教皇私人小教堂里的故事讲述了两位最伟大的使徒生命的最后的篇章。其中的一面墙上画的是湿壁画《圣保罗的皈依》(Conversion of Saint Paul)，对面的墙上画的是《圣彼得受难》(Crucifixion of Saint Peter)。不同寻常的是，在这两幅湿壁画中竟然出现了马，米开朗琪罗的作品基本上画的都是人，不会出现动物，即使是在可能会出现大量动物的场景里，比如西斯庭礼拜堂天顶画中的《大洪水》，也只有在画作左边出现了一只驴的口套，而在方舟上方应该出现和平鸽的地方，也只有几只鸟在盘旋。

建筑师米开朗琪罗

米开朗琪罗最早以建筑师的身份从事工作是在佛罗伦萨。在这里，除了先前提到的那些工程之外，他还被来自美第奇家族的克莱门特七世教皇委以另外一项重任，那就是设计洛伦佐图书馆，同样在圣洛伦佐建筑群里。米开朗琪罗于1524年开始这项工程，但是也和其他很多工程一样，最终并没有完工。由于在图书馆内部使用了通常在户外才使用的建筑元件，比如窗户和圆柱，使得洛伦佐图书馆的门厅里形成一个中庭，其四周是四座宫殿的正面，这给人留下了深刻的印象。洛伦佐图书馆的显著特征是一个三段式的大台阶，由巴托洛梅奥·阿马纳蒂建造，占据了入口的整个中心地带。

1534年，米开朗琪罗毅然回到罗马，潜心研究建筑。除了继续翻新法尔内塞教皇的家族宫殿之外，他依然为保罗三世教皇工作，从1538年开始建造卡比托利欧广场。无论从哪个方面来说，这都是一项城市规划的创举，一个基于详细的初步工程的公共空间的设计——在罗马实属首创。这项工程

庇亚门，由米开朗琪罗于1560年至1564年设计

占地面积覆盖了整座卡比托利欧山。16世纪这个地区出现了严重退化和难以进入的问题。米开朗琪罗打算改变它，他想设计一个尽可能尊重原有建筑物的空间，并且能消除到达山顶的障碍。基于此目的，他保留了两栋已有的建筑物，即中世纪建筑元老宫（Palazzo Senatorio）

圣彼得大教堂的圆顶（1546—1588/1590）
全图和局部

和16世纪建筑保守宫（Palazzo dei Conservatori），然后自己设计了第三座，即新宫（Palazzo Nuovo，今天的卡比托利欧博物馆），从而使得正方形的广场从三面闭合起来，就像一个马蹄。他还翻新了原有的宫殿的正面，并且使侧面建筑物的朝向呈略微发散的线性排列，使视觉焦点对准位于正中的建筑物（即元老宫）。

通过这个具有戏剧性的透视法装置——预示了接下来几个世纪城市规划的潮流——整个空间看起来变宽了，而且大大减弱了原先长大于宽的不对称感。广场中央的基座也是米开朗琪罗亲自设计的，上面放置了一座著名的古代雕像——马尔库斯·奥列里乌斯骑马雕像（不过那个时候被误以为是君士坦丁大帝的雕像），这是由法尔内塞家族的教皇保罗三世捐赠给罗马元老院的。

最后，米开朗琪罗设计了一个里程碑式的阶梯，为从广场中央的入口处进出的人们提供了一个便利的通道。艺术家没能看到他的杰作，因为这项工程直到17世纪中期才完工。而他设计的带有星形放射状图案的椭圆形广场路面，到1940年才完工。不过，米开朗琪罗在罗马最重要的工作是修复圣彼得大教堂，这项工作一直在持续不断地进行。他在1546年被指定担任圣彼得大教堂的结构总设计师，这个责任重大的职位在他之前是布拉曼特、拉斐尔和安东尼奥·达·桑加罗占据的，米开朗琪罗保留了布拉曼特所提出的构想的核心理念，并且以更加清晰、简朴的外形进行再次强调。为了给建筑物加一个顶盖，他从布鲁内列斯基建造的佛罗伦萨大教堂汲取灵感设计了一个庄严的圆顶，但是规模更大，更宏伟。

米开朗琪罗去世的时候圆顶还只是造到底圈。全部完工是在1588年至1590年由吉亚科莫·德拉·波尔塔（Giacomo della Porta）和多米尼克·丰塔纳（Domenico Fontana）完成，形状比原先版本的加长了。尽管17世纪由卡洛·马代尔诺（Carlo Maderno）对圣彼得大教堂进行了大规模重建，但是其穹顶依然保留了原有元素，比其他建筑物更多地

圣彼得大教堂的圆顶
局部

留有原始工程的痕迹。在生命的最后时光，也就是1560年至1564年，米开朗琪罗接受了新教皇庇护四世的委托设计——在庇亚街（今九月二十日街）的尽头，根据新教皇的意愿建造一座明显具有纪念性的大门，并且以新教皇的名字命名：庇亚门。这座大门在米开朗琪罗去世之后修建完成，在建筑中使用了裸露的砖体，使人回想起古罗马的建筑传统。

最后的《圣殇》

众所周知，米开朗琪罗认为自己骨子里就是一名雕塑家，他只有在手里拿着凿子的时候才能感到心满意足。在生命即将走到尽头之时，他对雕刻的爱比其他任何时候都要强烈，他不是为了完成任务，而是出于自己的喜好，一些作品回归了圣母怜子的主题，而且不用再面对他年轻时雕刻成名作之后遇到的局面。但是，现在的米开朗琪罗不再雕刻平静祥和的组图，比如梵蒂冈的《圣殇》，而是雕刻戏剧性对比强烈的雕塑，很明显在他的雕塑中强迫性地反复重申雕刻家脑中不断闪现的即将到来的死亡的思想。

这些最后的《圣殇》显然是一位艺术家以及一位人生阅历丰富的老人的终极追求，他在思考着一个被认为是他生命中的核心问题的主题。这并不仅仅是由于他年老的缘故，而且还由于当时愈演愈烈的宗教信仰的混乱，似乎是路德宗教改革的震动引起的天主教的危机，使得人们对一种新的宗教精神的不安感在天主教世界蔓延，特别是在特伦托会议召开和反宗教改革运动发

《基督复活》草图（1532）
局部
伦敦，大英博物馆

起之后。据透露，在米开朗琪罗交往的密友中唯一的一位女性，他视其为自己的精神向导，她是他捐赠画作与十四行诗的缪斯女神，她还经常与他进行博学探讨且互通书信，这个人就是维多利亚·科隆纳（Vittoria Colonna）。事实上，在这位有着极高文化修养的罗马贵族妇女周围聚集了一群朋友，他们形成了一个"宗教改革派"的圈子，经常讨论罗马教会的革新问题。知名人物有萨多雷托（Sadoleto）、卡拉法（Carafa）、蒂耶内（Thiene）、红衣主教雷吉纳尔德·波尔（Reginald Pole）以及一些其他人。他们都深受西班牙人胡安·瓦尔德斯（Juan Valdés）的影响，此人在意大利传播宗教改革思想，传递伊拉斯莫和路德的信息。米开朗琪罗晚年雕刻的《圣殇》雕塑，一件接着一件，越来越体现其"未完成式"。这与雕刻家以往的一些作品一样，"未完成"是为了明确其个人风格和表达意境，而不是由于发生意外情况而导致的结果，虽然在《隆达尼尼圣殇》（*Rondanini Pietà*）中"未完成"这个问题无疑更加复杂，因为艺术家直到去世前还在雕刻着这件作品。在1550年至1555年，米开朗琪罗雕刻了人们所称的《班迪尼圣殇》（以弗朗西斯科·班迪尼的名字命名，班迪尼在17世纪末期之前一直拥有这座雕像，现存于佛罗伦萨圣母百花大教堂的歌剧博物馆内，图见121页）。据瓦萨里所述，米开朗琪罗雕刻这座雕像的初衷是为了他自己的陵墓，按照他的意愿，陵墓将安置在罗马圣母玛利亚大教堂内（但是艺术家最后被安葬在佛罗伦萨圣十字大教堂内，因为他的遗体被他侄子列奥纳多悄悄运回了佛罗伦萨）。他雕刻的人物形象尼苛德摩（Nicodemus），带着兜帽支撑着基督，传统上被认为是米开朗琪罗的自画像。这件作品被认为是遭到了艺术家自己的破坏，因为他对雕塑不满意，于是一锤子砸断了基督的左臂，后来是他的一个学生——提贝里·卡尔卡尼（Tiberio Calcagni）——进行了修复，把断了的胳膊接了起来，并且雕刻完成了玛利亚·马达莱娜这个人物，使组图得以完整，但是基督的左腿没有进行返工，依然是残缺不全的。

《巴拉斯屈那圣殇》（*Pietà from Palestrina*）得名于发现这件作品的地方，后来被转移到现在的地点进

巴拉斯屈那圣殇
（约 1555）▶
佛罗伦萨，学院美术馆

* 被认为是米开朗琪罗所作，也有可能是他的一个学生所作

前一个晚上还在雕刻的作品,这几乎是令人难以置信的,因为艺术家当时已经89岁高龄了。这件群雕是他位于罗马马歇柯维(Macel de Corvi)的家中(位于图拉真广场遗址附近,现已遭破坏)遗物中的一件:"又一件以基督开始的雕像,在其上方还雕刻了另外一个人物,与之紧紧相连,但是只雕了一个模糊不清的雏形,并没有完工",这些描述性的文字被记录在他的财产清单上。这件艺术作品非常符合现代人的审美,被存放于米兰斯福尔扎城堡(Castello Sforzesco),它的名字来源于它最先被放置的地方,罗马的隆达尼尼宫廷。米开朗琪罗是分阶段进行工作的,从雕像上的多处修改,甚或是巨大的改动得到证明,最明显的痕迹是幸存下来的基督右臂的残肢,被留在新的雕像的后面;手臂的形状和尺寸似乎表明了这是第一版,时间可追溯至1552年至1553年,那时候躯体并没有这么消瘦,可能是更加"古典"的比例。

在1554年开始雕刻的第二版中,人体的瘦长和"未完成"的一面赋予了这组雕像强烈的戏剧性和深刻的精神性。在死去的基督极度

行保存,即佛罗伦萨学院美术馆。这件群雕雕刻于1555年前后,现在其真实性受到批评家们的激烈争论,他们中有不少人认为米开朗琪罗只是粗略地雕刻了一个轮廓,之后是由其他人来完成雕刻的。而这个系列的最后一件作品,令人为之动容的《隆达尼尼圣殇》,据说是米开朗琪罗直到1564年2月18日去世的

沉重的躯体上，在圣母很明显地去支撑他的努力中，都不再有梵蒂冈《圣殇》的那种安详的、坦然自若的和谐，有的只是悲痛和绝望。但是这并不孤独，《隆达尼尼圣殇》的感染力更加强烈，因为它融合了柔情：一位母亲充满爱意的手势看起来似乎是使出她最后一丝气力把儿子拥入怀中想要保护他，米开朗琪罗刻画的这位儿子似乎下沉融入了圣母的身体里。

艺术家在最后的岁月里创作的这些《圣殇》作品的图像学方法值得提及。在梵蒂冈《圣殇》中，米开朗琪罗使用的是传统的图像学方法，耶稣的尸体横躺在母亲的双膝上，几乎是被圣母抱着的；而在他晚年时期雕刻的《圣殇》作品中，雕刻家用直立的姿势表现基督的尸体的重量在下沉，圣母支撑他的努力是显而易见的。米开朗琪罗获得灵感的模型可能是乔凡尼·贝利尼（Giovanni Bellini）和安德烈·曼特尼亚（Andrea Mantegna）所画的《圣殇》，在他们的画作中基督的尸体在弥撒中是被抬起来的。但是在《隆达尼尼圣殇》中，有一个更进一步的构图：组图的垂直性得到进一步加强，人物的极度瘦削似乎使人回想起中世纪塑造的模型，尤其是哥特式风格的，艺术家可能是有意为之。

隆达尼尼圣殇
（1552—1564）
米兰，斯福尔扎城堡
* 作品未完工，大师去世后在他罗马的家中发现

诗人米开朗琪罗

纵观米开朗琪罗漫长的一生，他的情感和思想也在他的诗歌和写给亲朋好友的无数封书信中得以表达。尽管他并非文人，也不是有意要出版他的诗歌，但是米开朗琪罗依然留下了大量具有时代特征的彼特拉克体十四行诗。14世纪的诗人彼特拉克被认为是抒情诗的超级大师，正如16世纪的枢机彼得罗·本博（Pietro Bembo）在他的一篇论文中所指出的那样。

但是米开朗琪罗的诗文既不和谐，也不明亮，彼特拉克的模仿者通常都是这样。这位艺术大家的诗作充满了形式上和观念上的严肃性，晦涩而生硬，多少年来都令批评家和读者感到失望。

在米开朗琪罗的诗歌中，对于艺术和美学的考量，不得不提及在他的诗句中经常出现的孤独感和不停劳作带来的疲惫感，不过有时语调是嘲讽的，比如他在韵文中描述自己正在与西斯廷礼拜堂天顶画进行搏斗——这是他在画在一封书信边缘的自画像中描绘的境况——颜料滴进了双眼："我的胡子朝天，我的头颅弯向着肩，胸部像只枭。画笔上滴下的颜色，在我脸上形成绚丽的图案。"他写了很多首情诗，包括献给托马索·卡瓦列里（Tommaso Cavalieri）的，这位英俊的小伙子深受艺术家的喜爱，激发了他表达情感的灵感。他早期的诗歌经常流露出受到责难的情感，随着岁月的流逝，渐渐出现了焦虑和痛苦，比如在比喻作品中，在他成熟时期和晚年时期的诗歌中，米开朗琪罗的抒情诗达到了最高境界、最感人的时刻，比如右面这首十四行诗。

岁月沉载，罪恶满溢
悲惨的习惯根深蒂固，
我看到自己走近了一个以及
　　另一个死亡
用毒药滋养我的心。

我也没有足够的力量
改变生活、爱情、习惯或命运，
没有你的帮助，神圣而清晰，
指导和约束任何有缺陷的过程。

亲爱的主啊，这是不够的
　　你引诱我
在天空中追寻，只为了让灵魂
　　成为可能，
没有以前，没有创造。

在你剥去我致命的赃物之前
我祈求你把这条陡峭的长路折
　　成两半
使道路更加清晰和明确。

地名索引

巴登（苏黎世）
→私人收藏
《圣母与圣子》（藏于1510？）

贝塞尔
→私人收藏
《福音书》作者圣约翰（1490—1492？）

巴约讷
→法国博纳博物馆
《最后的审判》草图（约1533—1535）

博洛尼亚
→圣多米尼克修道院
《跪着的天使》（1494—1495）
《圣佩德罗尼乌斯》（1494—1495）
《圣普罗库鲁斯》（1494—1495）

布鲁日
→圣母院教堂
《圣母与圣子》或称为《布鲁日圣母》（1503—1504）

尚蒂依
→孔代博物馆
《雕塑研习五法》（1480—1501）

都柏林
→爱尔兰国家美术馆
《圣家族与婴儿施洗者圣约翰》（1490？）

佛罗伦萨
→佛罗伦萨学院美术馆
《四囚徒》（1519—1530）：
　《阿特拉斯》
　《苏醒的奴隶》
　《长胡子的奴隶》
　《年轻的奴隶》
《大卫》（1501—1504）
《巴拉斯屈那圣殇》约1550
《圣马太》（1501—1504）
→巴杰罗国家博物馆
《酒神巴克斯》（1496—1497）
《布鲁图斯》（1539—1540）
《"牧神"头部像的仿制品》
《大卫—阿波罗》（1525—1530）
《皮蒂圆形浮雕》（1503）
→米开朗琪罗故居博物馆
《半人马之战》（1490—1492）
《赫拉克勒斯》（1525）
《台阶上的圣母》（1490—1492）
《十字架上的耶稣》（1492—1494）
《河神》（1524）
《最后的审判》草图（1533—1534）
《圣洛伦佐教堂立面木制模型》（1519）
→乌菲兹美术馆
《裸体人像背面图以及其他素描图》（1504—1505)
《半人马之战》草图（1504—1505）
《最后的审判》草图（1534）
→圣母百花大教堂
《班迪尼圣殇》（1550—1555）
→维奇奥宫
《卡辛那之战》（1505—1506）
《胜利》（1532—1534）
→圣洛伦佐教堂
《圣母与圣子》或称为《美第奇圣母》（1521—1534）

朱利亚诺·德·美第奇墓：
　《朱利亚诺·德·美第奇》（1526—1531）
　《昼》（1526—1531）
　《夜》（1526—1531）

洛伦佐·德·美第奇墓：
　《洛伦佐·德·美第奇》（1525）
　《晨》（1525—1527）
　《暮》（1525—1531）
→圣洛伦佐教堂的建筑
圣洛伦佐教堂立面（设计于1518年，但一直没有开工建造）
洛伦佐图书馆（1524—1560）
圣洛伦佐教堂的新圣器室（始建于1521年）
→新圣母玛利亚教堂，主教堂
《基督受洗礼》（1488—1490）
《圣母安睡》（1488—1490）
→乌菲兹美术馆
《圣家族与婴儿施洗者圣约翰》或称为《圣家族圆形画》（1503—1504/1506—1507）

哈勒姆
→泰勒博物馆
西斯廷礼拜堂天顶画：《朱提斯杀荷罗芬尼斯》场景的构图（1508）

伦敦
→大英博物馆
《男子侧面半身像》（1500）
《基督复活》草图（1532）
《半人马之战》草图（1504—1505）
《厄立特里亚女先知》草图（1508—1512）
《波斯女先知》草图（顶部的裸体男青年）（1508—1512）
《手的画法》（1508）
→国家美术馆
《基督下十字架》（1511?）
《埋葬》（约1500—1501）
《圣母与圣子》《婴儿施洗者圣约翰与四天使》或《曼彻斯特圣母》（1495—1497）
→皇家艺术研究院
《塔戴依圆形浮雕》（1503）

米兰
→斯福尔扎城堡
《隆达尼尼圣殇》（1552—1564）

慕尼黑
→铜版画陈列馆
《马萨乔作品<纳税银>中的人物副本》（1488—1495）

那不勒斯
→伦巴第的圣亚纳堂
《手持花环的丘比特》（被认为创作于1489—1492）

纽约
→私人收藏
《圣母子和婴儿施洗者圣约翰》（1510?）
→法国大使馆文化处
《年轻的弓箭手》（1494之前）

牛津大学
→阿什莫林博物馆
《圣母子与圣安妮》（1501—1502）

帕多瓦
→大教堂
《唱诗班唱台》（?）

巴黎
→罗浮宫
《福音布道者圣约翰升天》（1490）
《跪着的裸体女子》（1500—1501）

《拿着投石器的大卫》素描（1501）
《奴隶》（1513）：
  《垂死的奴隶》
  《被缚的奴隶》

罗马
→圣彼得镣铐教堂
尤里乌斯二世陵墓（1547年完工）：
  《摩西》（1515）
→圣玛利亚密涅瓦教堂
《耶稣受难》（1518—1520）
→罗马的建筑
卡比托利欧山，设计于1538或1546）
圣天使城堡，利奥十世教皇的教堂（1514）
庇亚门（1560—1564）
圣母玛利亚教堂，斯福尔扎的教堂（1559）
元老宫的阶梯（1540）

锡耶纳
→大教堂
《圣格雷戈里、圣保罗、圣彼得、圣皮乌斯》（1503—1504）

梵蒂冈
→保利纳小教堂，梵蒂冈
《圣保罗的皈依》（1542—1545）
《圣彼得受难》（1542—1545）
→西斯廷礼拜堂
天顶湿壁画（1508—1512）
《最后的审判》（1536—1541）
→圣彼得大教堂
《圣殇》（1498—1499）
圣彼得大教堂的建筑（始建于1546年）

维也纳
→维也纳美术学院
《圣母子和婴儿施洗者圣约翰》（1495?）

艺术人生——米开朗琪罗

米开朗琪罗的出生地，位于卡普雷赛镇（阿雷佐市）

米开朗琪罗的陵墓（1570）
乔治·瓦萨里
佛罗伦萨，圣十字教堂

米开朗琪罗故居博物馆（佛罗伦萨）
* 根据一张古老的版画所示

人名索引

米开朗琪罗作品

B
《巴拉斯屈那圣殇》56，146，147
《班迪尼圣殇》118，120，121，146
《半人马之战》6，7，23，24，28—31，70—72
《波斯女先知》草图 93
《布鲁图斯》122

C
《沉睡的丘比特》33
《沉睡的丘比特》（副本）雕塑草图 36
《晨》108，110
《垂死的奴隶》（罗浮宫）112
《创造日月与动植物》86
《创造夏娃》86
《创造亚当》86，，94，96—97

D
《大洪水》140
《大卫》47，49—58，64
《大卫杀哥利亚》86
《德尔菲女先知》76，77
《雕塑研习五法》18

E
《厄立特里亚女先知》草图 92

F
《福音布道者圣约翰升天》（圣十字教堂乔托画作副本）19

G
《跪着的裸体女子》草图 42

H
《赫拉克勒斯》129

J
《基督复活》草图 145
《酒神巴克斯》34，35，78

K
《卡辛那之战》58，64，66
《卡辛那之战》草图（乌菲兹美术馆）72

L
《礼拜铜蛇》86
《隆达尼尼圣殇》146—148

《裸体人像背面图以及其他素描图》71

M
《马萨乔作品〈纳税银〉中的人物副本》24
《埋葬》43，60
《曼彻斯特圣母》36，39，60
《摩西》79，80，81
《暮》108

N
《拿着投石器的大卫》素描 50
《男子侧面半身像》22
《年轻的弓箭手》（或《阿波罗》，或《丘比特》）34，38
"牧神"头部像的仿制品》15
《诺亚祭献》86
《诺亚醉酒》86

P
《皮蒂圆形浮雕》58，61

S
《神分光暗》86
《神分水陆》86
《审判者基督》131
《十字架上的耶稣》23
《四囚徒》56，101，113
《四囚徒》之一：《阿特拉斯》114
《四囚徒》之一：《年轻的奴隶》116
《四囚徒》之一：《苏醒的奴隶》117
《四囚徒》之一：《长胡子的奴隶》100，101，115
《圣马太》48，56，58，59
《圣保罗的皈依》124，125
《圣彼得受难》140
《圣家族圆形画》32，33，58，60，61，64—66，68，95，119
《胜利》123
《圣洛伦佐教堂立面木制模型》（佛罗伦萨）102
《圣母玛利亚》134，135
《圣殇》（梵蒂冈）58，78，145，148
《圣母与圣子》或《布鲁日圣母》58
《圣母与圣子》或《美第奇圣母》109
《圣母子与圣安妮》（牛津大学）75
《手持花环的丘比特》25
《手的画法》87

T
《塔戴依圆形浮雕》58，60
《台阶上的圣母》23—26
《天使们》137

Y

《夜》 108，113
《以赛亚先知》 86
《婴儿施洗者圣约翰》 36
《尤利乌斯二世陵墓》 78，80，98，112
《原罪·逐出伊甸园》 86

Z

《昼》 108，112
《朱提斯杀荷罗芬尼斯》场景的构图 86，95
《最后的审判》 83，87，125，126，128—130，134，136，137，139
《最后的审判》草图（法国博纳博物馆） 132
《最后的审判》草图（米开朗琪罗故居博物馆） 133
《最后的审判》草图（乌菲兹美术馆） 134

其他人名及作品索引

A

阿戈斯蒂诺·迪·杜乔 52
阿革诺罗·多尼 60
阿拉里克一世 125
阿斯卡尼奥·孔迪维 7，14，28，29，31，40，44
埃迪奥·达·维泰博 94
埃琳娜·博纳柯西 45
埃密利欧·德·法伯利斯特 56
安德烈·德拉·罗比亚 45
安德烈·桑索维诺 14，23
安东尼奥·达·桑加罗 139，144
安东尼奥·德尔·波拉约洛 12，17，20，30
　　《裸体之战》 30
安东尼奥·罗塞利诺 52

B

巴尔达萨雷·德尔·米兰尼斯 33
巴奇欧·达·蒙特卢波 14
巴托洛梅奥·阿马纳蒂 102，112，142
巴托洛梅奥·德拉·哥塔 87
巴斯提亚诺·达·桑加罗 73
　　《卡辛那之战》（米开朗琪罗的摹本） 73
保罗·乌切罗（原名保罗·迪·多诺） 13
　　《圣罗马诺之战》（乌菲兹美术馆） 13
贝尔纳多·布翁塔伦蒂 113
劳伦奇阿纳图书馆的大台阶（佛罗伦萨） 102
贝纳尔多·卢彻莱 22
贝奈德托·达·迈亚诺 23
贝内代托·瓦尔奇 48
贝尼维耶尼，吉罗拉谟 15，45

贝托尔多·迪·乔万尼 8，16，23，28
　　《贝勒罗芬与飞马珀伽索斯》 8
　　《马背上的赫拉克勒斯》 8
贝诺佐·戈佐利 13
本蒂沃里奥家族 98
本韦努托·切利尼 66
彼得罗·阿雷蒂诺 136
彼得罗·本博 149
彼得罗·托利贾尼 14
彼得·保罗·鲁本斯 30
　　《半人马之战》 30
彼特拉克，弗朗切斯科 18，149
比亚吉奥·达·切塞纳 128，136
波吉奥·布拉乔利尼 19，20
波拉约洛，皮耶罗·德尔 17，23
波利多罗·达·卡拉瓦乔 122
波利齐亚诺（原名安格诺罗·安布罗吉尼） 8，12，15，28
博纳米科·布法马克 130
博纳罗蒂家族 7
　　博纳罗托 99
　　列奥纳多 24，113，146
波提切利，桑德罗（原名亚里山德罗·菲力佩皮） 12，17，20，21，36，38，39，45，61，87，94
　　《持石榴的圣母》 38
布拉曼特（原名多纳托·迪·帕斯丘奇奥·德·安托万） 77，79，89，118，126，144
布莱克，威廉 134
布雷格诺，安德烈 34
布伦齐诺（原名阿尼奥洛·迪·科西莫·托里） 122

C

查尔斯·德·托内 78
　　《米开朗琪罗"尤利乌斯二世陵墓"设计稿复原图（第一稿和第二稿）》 78
查理·达·安波斯 73
查理八世，法国国王 40，46
查理五世，神圣罗马帝国皇帝（查理四世，那不勒斯国王） 119，125，128

D

达尼埃莱·达·沃尔泰拉（被称为"内裤制造商"） 98，128，137
　　《米开朗琪罗像》 98
大卫（雅克·路易） 44
　　《马拉之死》 44
戴维·德尔·吉兰达约 9
但丁（但丁·阿利基埃里） 18，74，129
德拉·瓦莱家族 77
狄奥斯库瑞德 14

《尼禄的印章》 14
多梅尼科·贝尼维耶尼 28，45
多米尼克·德尔·吉兰达约 9，45
多米尼克·丰塔纳 144
多纳泰罗（原名多纳托·迪·尼科洛·迪·贝托·巴迪） 8，16，19，20，23—26，29，49，54
 《大卫》 49
 《帕齐圣母》 23
 《普利亚-达德利圣母》 23
 《希律王的宴会》 26

F
法尔内塞家族 22，78，126，143
凡·高 99
费德里科·祖卡里 130
 《塔德奥·祖卡里复制米开朗琪罗的<最后的审判>》 130
菲利波·布鲁内列斯基 20，52，106，144
菲利皮诺·利皮 45，52
佛罗伦萨某位不知名的画家 47
 《萨伏那罗拉在领主广场行刑》 47
弗拉·巴托洛梅奥 17，45
 《萨伏那罗拉肖像画》 45
弗拉·迪亚曼特 87
弗朗西斯卡·奈里·迪·塞尔·米尼亚托·德尔·锡耶纳（博纳罗蒂） 7
弗朗西斯科·阿马多里（被称为乌尔比诺） 136
弗朗西斯科·班迪尼 146
弗朗西斯科·达·乌尔比诺 8
弗朗西斯科·菲莱福 20
弗朗西斯科·格拉纳奇 9，14，47
 《查理八世进入佛罗伦萨》 47
弗朗西斯科·斯福尔扎 74

G
盖拉尔多·迪·乔凡尼 46
 《皮耶罗·迪·洛伦佐·德·美第奇》 46
公蒂家族 13
贡扎加家族 36

H
赫拉克利特 92
胡安·瓦尔德斯 146

J
吉安诺佐·马内蒂 19
吉兰达约工作室 9，14，17
 《圣安东尼的诱惑》 9
吉罗拉谟·萨伏那罗拉 29，33，45，46，94
吉纳尔德·波尔 146

吉亚科莫·德拉·波尔塔 144
加埃塔诺·蒂耶内 146

K
卡拉瓦乔（原名米开朗琪罗·梅里西） 44
 《基督下葬》 44
卡洛·马代尔诺 144
克里斯托弗罗·兰迪诺 12
科卢乔·萨卢塔蒂 18
 《圣安东尼的诱惑》 9
科西莫·罗塞利 17，87

L
拉斐尔（原名拉法埃洛·圣乔奥） 40，44，60，62，63，77—79，87，89，92，101，118，122，126，144
 《阿革诺罗·多尼肖像画》 62
 《巴廖内祭坛画》 44
 《基督被解下十字架》 40
 《教皇格列高利九世颁布教令集》 78
 《玛德莲娜·斯特罗奇·多尼肖像画》 63
 《尤利乌斯二世肖像画》 79
拉斐尔·达·蒙特卢波 108
拉菲尔·瑞阿里奥 33，34，36
拉科波·萨多雷托 146
莱昂·巴蒂斯塔·阿尔伯蒂 19，20，22
莱昂纳多·布鲁尼 19，20
达·芬奇·达·芬奇 8，14，17，52，54，64，72，75，118
 《圣母子与圣安妮》 75
鲁道夫·维特科尔 98
路加·西诺雷利 61，64
卢卡·德拉·罗比亚 38
 《唱诗班唱台》 38
卢克雷齐娅·托纳波尼 10
路易吉·浦尔契 12
罗吉尔·凡·德尔·维登 130
洛伦佐·迪·克雷蒂 14，17
洛伦佐·吉贝尔蒂 13
洛伦佐·瓦拉 19，20
罗索·菲伦蒂诺（原名乔凡尼·巴蒂斯塔·迪·雅各布） 118，119，122
 《摩西保护叶忒罗的女儿们》 119

M
玛德莲娜·斯特罗奇（多尼） 60
马丁·路德 126，136，146
马丁·施恩告尔 9
马尔科·维基罗奥 94
马里奥托·阿尔贝蒂内利 17
马泰奥·帕尔米耶里 19

马萨乔（全名托马索·迪·瑟·乔万尼·迪·蒙·卡塞）9，24
    《纳税银》24
马斯里奥·费奇诺 12，15，21，25，28，94
曼特尼亚，安德烈 148
美第奇·迪·波波拉诺（或者波波拉尼）36
梅尔滕·梵·海姆斯凯克 34，78
    《罗马加利私家别墅花园》34
米开罗佐（全名米开罗佐·米凯罗奇·迪·巴托罗缪）10，101
穆斯克龙家族 58

N

尼科洛·博纳柯西 45
尼科洛·萨伏那罗拉 45
尼科洛·索吉 14

O

欧仁·德拉克洛瓦 134

P

帕尔米贾尼诺（原名弗朗西斯科·马佐拉）118，122
佩林·德尔·瓦加（原名彼得罗·博纳科西）122
佩鲁吉诺（原名皮耶罗·万努奇）17，40，87，94，129
    《圣殇》40
蓬托尔莫（原名雅各布·卡鲁奇）118—120
    《基督下十字架》120
皮埃尔·德·罗翰 58
皮埃尔·马泰奥·德·阿梅利亚 87
庇护四世（乔万尼·昂杰罗·美第奇）144
皮科·德拉·米兰多拉 12，15，45
皮耶尔·索德里尼 46
皮耶罗·迪·科西莫 17，20，87
平图里乔（原名贝尔纳迪诺·贝托）34，87

Q

乔凡尼·安吉洛·蒙托索里 108
乔凡尼·贝利尼 148
乔凡尼·达·加文 74
乔凡尼·皮萨诺 28
乔凡尼·维兰尼 66
乔托（原名乔托·迪·邦多纳）9
乔万·弗朗西斯科·鲁斯蒂奇 14
乔治·瓦萨里 7，11，12，16，24，31，40，72，101，108，112，118，122，146
    《豪华者洛伦佐半身像》12
    《在哲学家和文人雅士簇拥下的豪华者洛伦佐》11
琴尼诺·琴尼尼 84，85

R

让·比雷尔·德·拉格霍拉 40

S

萨塞蒂家族 13
萨西家族 78
赛西家族 77
水平接近于贝托尔多和米开朗琪罗的某大师 15
    《萨提儿半身像》15
斯卡拉家族 13
斯特法诺·邦西尼奥里 17
    《佛罗伦萨规划》17
斯特罗奇家族 13

T

提贝里·卡尔卡尼 146
托马索·卡瓦列里 149
托纳波尼家族 13

W

维多利亚·科隆纳 146
韦里诺，乌格里诺 45
韦罗基奥（原名安德烈·迪·弗朗切斯科·迪·乔内）23，54
    《大卫》54
韦努斯蒂，马尔切洛 138
    《最后的审判》（米开朗琪罗的摹本）138

X

西斯都四世（弗朗西斯科·德拉·罗韦雷）88

Y

雅各布·布克哈特 18
雅各布·加利 34，40，78
雅各布·桑索维诺 23
亚历桑德罗·法尔内塞 22，128，129，139，142
亚历山大六世（罗德里戈·博尔吉亚）33，34，40，45，46，77
亚略巴古的伪丢尼修 48
伊莎贝拉·德·埃斯特·贡扎加 36

Z

朱利奥·克洛维奥 129
    《最后的审判》（米开朗琪罗的摹本）129
朱利奥·罗马诺（又称朱利奥·皮皮）122
朱利亚诺·布吉阿迪尼 14
朱利亚诺·达·桑加罗 12，52

年表

米开朗琪罗生平大事记	年份	历史同期大事记
3月6日，在意大利阿雷佐市的卡普雷赛镇，米开朗琪罗·博纳罗蒂诞生了。他是地方行政长官洛多维科·迪·莱昂纳多·迪·博纳罗蒂·西蒙尼的二儿子，他的母亲弗朗西斯卡是奈里·迪·米尼亚托·德尔·塞尔和邦达·卢彻莱的女儿。在他们举家迁回佛罗伦萨后，年幼的米开朗琪罗被送往佛罗伦萨附近的塞蒂尼亚诺村进行抚养。	1475	
	1478	在教皇西斯都四世的鼓动下，发生了反对美第奇政权的帕齐阴谋，但是计划没有得逞；在佛罗伦萨大教堂内，豪华者洛伦佐的弟弟朱利亚诺·德·美第奇被杀害；但洛伦佐在这次暗杀中幸免于难。
米开朗琪罗的母亲去世。他在语法学校开始了最初的求学。遇到了画家弗朗西斯科·格拉纳奇，格拉纳奇鼓励他学习绘画。	1481	达·芬奇开始画《麦琪的礼拜》，桑德罗·波提切利开始画《春》（1482年完工）。
	1482	波提切利开始画《维纳斯的诞生》（1484年完工）。梵蒂冈西斯庭礼拜堂早期的壁画由佩鲁吉诺和波提切利完成。
	1483	拉斐尔在乌尔比诺诞生，达·芬奇签署了绘制《岩间圣母》的合约。
	1484	英诺森八世（乔凡尼·巴蒂斯塔·西博）当选为教皇。
	1486	吉兰达约和他的助手们开始了圣母玛利亚教堂圣坛的装潢工作。
在佛罗伦萨，米开朗琪罗到吉兰达约的工作室当了一年学徒。	1488	佛罗伦萨雕刻家安德烈·德尔·韦罗基奥在威尼斯逝世。
他经常出入于美第奇家族的圣马可修道院的花园，他在那里研究古代和现代雕塑藏品。	1489	
他早期的作品有《半人马之战》、为圣灵教堂制作的木制作品《十字架上的耶稣》以及《台阶上的圣母》。	1492	豪华者洛伦佐在佛罗伦萨逝世。压力山大六世（来自博尔吉亚家族）当选为教皇。克里斯托弗·哥伦布发现美洲大陆。皮耶罗·德拉·弗朗西斯卡逝世。
在查理八世进军佛罗伦萨之前逃往威尼斯；此后他搬到博洛尼亚，并为圣多明我墓雕刻了《跪着的天使》。	1494	法国国王查理八世攻打佛罗伦萨；皮耶罗·德·美第奇被驱逐出佛罗伦萨，他成为博洛尼亚本蒂沃里奥的宾客。佛罗伦萨共和国得以重建。萨伏那罗拉的布道赢得了民众的支持。
回到佛罗伦萨，他为洛伦佐·迪·皮耶尔弗朗切斯科·德·美第奇雕刻了几座小型雕塑（现今已遗失）。	1495	达·芬奇开始绘制《最后的晚餐》。佩鲁吉诺在佛罗伦萨开办了一家朝气蓬勃的工作室。
作为红衣主教瑞阿里奥的宾客访问罗马。雕刻了《沉睡的丘比特》（现今已遗失）以及《酒神巴克斯》（藏于佛罗伦萨巴杰罗美术馆）。	1496	
与法国红衣主教让·比雷尔签订合同，为梵蒂冈的圣彼得大教堂雕刻《圣殇》。根据约定，工程将在收到450达克特金币后的一年内完工。	1498	迫于亚历山大六世的压力，萨伏那罗拉遭受审判，并于5月23日被活活烧死在佛罗伦萨领主广场的火刑柱上。安东尼奥·波拉约洛在罗马逝世。
《圣殇》的委托人在这件作品完成后的8月6日去世了。	1499	路加·西诺雷利开始绘制奥维托大教堂的圣布里齐奥礼拜堂的湿壁画。

罗马圣—阿戈斯蒂诺教堂里的一幅祭坛画创作于这一年。这幅画有可能就是《基督的葬礼》（现藏于伦敦国家美术馆），但是这幅画作究竟是否为米开朗琪罗所作尚无定论。	1500	法国国王路易七世入侵意大利半岛。斯福尔扎家族被驱逐出米兰。达·芬奇回到佛罗伦萨。
布拉曼特在罗马工作。波提切利绘制了油画作品《神秘的基督降生图》。		
米开朗琪罗回到佛罗伦萨。6月5日，他接受委托，为锡耶纳大教堂的可隆米尼圣堂制作15座雕像。8月16日，佛罗伦萨共和政府委托他雕刻《大卫》。	1501	拉斐尔在卡斯泰洛城绘制他的首批作品。
8月12日，佛罗伦萨政府又委托他雕刻了一座青铜《大卫》雕像，这是为法国元帅皮埃尔·德·罗翰雕刻的。这件作品后期由贝奈德托·达·罗韦扎诺雕刻完成。	1502	皮耶尔·索德里尼当选为佛罗伦萨共和政府的正义旗手。
4月24日，教堂歌剧院博物馆委托米开朗琪罗雕刻12座使徒像，准备安置在大教堂内殿。但是只有《圣马太》雕了雏形。12月14日，弗兰芒布料商亚历山大·穆斯克龙支付给他50达克特金币，作为绘制《布鲁日圣母》的酬劳。同年，他还雕刻了《塔戴依圆形浮雕》和《皮蒂圆形浮雕》。	1503	亚历山大六世暴毙。教皇庇护三世（来自皮科洛米尼家族）在任了短短二十几天之后，亚历山大六世政策的反对者尤利乌斯二世（来自德拉·罗维尔家族）当选为教皇。亚历山大六世的儿子凯撒身体状况糟糕。达·芬奇开始绘制《安吉亚里之战》（位于佛罗伦萨维奇奥宫的五百人大厅内）。
索德里尼委托他为位于西格诺里广场的五百人大厅绘制《卡辛那之战》。他完成了《布鲁日圣母》。9月8日，《大卫》被迁到了领主广场。	1504	拉斐尔搬到佛罗伦萨。随着《布洛瓦和约》的签订，那不勒斯王国沦为西班牙领地。
3月，教皇尤利乌斯二世委托他为其安置在圣彼得大教堂的陵墓雕刻雕塑，陵墓后来被安置在圣彼得镣铐教堂。米开朗琪罗去卡拉拉采石场挑选大理石。	1505	布拉曼特开始了位于罗马蒙托里奥的坦比哀多礼拜堂的工程以及教皇的观景楼花园的设计工作。
由于得罪了教皇，米开朗琪罗逃往佛罗伦萨。11月21日，他与教皇冰释前嫌，教皇并要求他为其雕刻一座教皇本人的青铜雕像。	1506	尤利乌斯二世在博洛尼亚取得了军事上的胜利。《拉奥孔》在罗马出土。布拉曼特开始重建圣彼得大教堂。达·芬奇动身前往米兰。
也许就是在这一年，为阿革诺罗·多尼绘制了《圣家族》（或称《圣家族圆形画》）。	1507	拉斐尔绘制《巴廖内祭坛画》。
矗立在圣彼得罗尼奥教堂正门口的尤利乌斯二世纪念碑落成典礼在博洛尼亚举行。米开朗琪罗回到佛罗伦萨，皮耶尔·索德里尼委托他雕刻一座《赫拉克勒斯与卡库斯》的大理石雕像。		
5月10日，他在罗马接受了为西斯廷礼拜堂绘制天顶湿壁画的任务。	1508	坎布雷联盟：尤利乌斯二世、哈布斯堡皇室的马克西米利安大帝、路易十二和狂热的天主教信徒费迪南二世联合起来对抗威尼斯。
	1509	战胜威尼斯。巴尔达萨雷·佩鲁齐为阿戈斯蒂诺·基吉设计法尔尼西纳别墅。在罗马，拉斐尔开始"梵蒂冈客房"（尤利乌斯二世在梵蒂冈的套房）的装潢工作。
8月14日或15日，尤利乌斯二世参观还在装潢中的西斯廷礼拜堂。	1511	反法神圣同盟成立。塞巴斯蒂亚诺·德尔·皮翁博在罗马。安德烈·德尔·萨托开始绘制圣母在安农齐阿教堂的修道院生活的一系列场景。

10月31日，西斯廷礼拜堂重新开放，湿壁画在开放前20天已经完工。	1512	美第奇家族重返佛罗伦萨。在锡耶纳，贝加福米画了《三位一体三联画》，在佛罗伦萨，弗拉·巴托洛梅奥画了《圣凯瑟琳的神秘婚礼》。
尤利乌斯二世过世后，米开朗琪罗与他的继承人们重新签订了修建其陵墓的合同；雕刻了《摩西》和两座《奴隶》雕像（现藏于罗浮宫）。	1513	尤利乌斯二世逝世，乔凡尼·德·美第奇（豪华者洛伦佐之子）接任教皇之位，名号为利奥十世。达·芬奇此时在罗马。
他接受委托为圣玛利亚密涅瓦教堂雕刻一座基督复活的雕像。圣天使城堡的教皇教堂按照米开朗琪罗的设计而建。	1514	布拉曼特逝世。拉斐尔成为圣彼得大教堂的总建筑师；他在罗马和平圣玛利亚教堂的基吉礼拜堂画女先知们，并且开始装潢"梵蒂冈波尔戈火灾大厅"。
4月，他回到了佛罗伦萨，一直待到1534年。	1515	弗朗索瓦一世成为法国国王。随着马里尼亚诺战役的胜利，他夺回了米兰。拉斐尔为西斯廷礼拜堂的挂毯画草图。马基雅维利的《君主论》完稿。安德烈·德尔·萨托开始绘制施洗者圣约翰的生活的一系列场景。
关于修建尤利乌斯二世陵墓又签订了一项合同。利奥十世委托他设计位于佛罗伦萨的圣洛伦佐教堂立面。	1516	哈布斯堡皇室的查理五世继任狂热的天主教信徒裴迪南二世的皇位，成为西班牙国王。卢多维科·阿里奥斯托写成了《疯狂的奥兰多》。塞巴斯蒂亚诺·德尔·皮翁博绘制《基督下十字架》（现藏于俄罗斯艾尔米塔什博物馆）。
他开始雕刻《四囚徒》（现藏于佛罗伦萨学院美术馆）。	1517	马丁·路德在德国发起了宗教改革。拉斐尔和他的助手在法尔内塞别墅的梵蒂冈凉亭顶棚上绘制"普绪克凉廊"壁画。达·芬奇去往法国。
利奥十世委托他为圣洛伦佐教堂设计新圣器室，用来安置六位美第奇家族成员的陵寝。他继续雕刻《四囚徒》。	1519	哈布斯堡皇室的查理五世当选为神圣罗马帝国的皇帝。达·芬奇在昂布瓦兹皇家城堡逝世。在帕尔玛，柯勒乔为圣保罗修道院女院长的私人住所创作壁画。蓬托尔莫开始为美第奇家族的波吉奥·阿·卡伊阿诺的豪华别墅绘制湿壁画。
教皇将安置于圣洛伦佐教堂的陵墓的雕像缩减至两座。	1520	拉斐尔逝世。路德被一道名为《主起来吧》的训令革出教门。
他忙于美第奇家族的陵墓工作。8月，《基督升天》被安置在罗马密涅瓦圣母堂。	1521	在梵蒂冈，朱利奥·罗马诺为拉斐尔画室的君士坦丁大厅绘制湿壁画，而佩林·德尔·瓦加则为教皇大厅绘制湿壁画。
	1522	利奥十世逝世，他的继任者是乌得勒支的一位主教，名号为阿德里安六世。沃尔姆斯会议发布禁令，禁止路德教的传播。
	1523	阿德里安六世逝世，教皇之位由克莱门特七世继任（即朱利亚诺·德·美第奇）。蓬托尔莫绘制表现耶稣受难场景的油画。
开始了洛伦佐图书馆的工程，同时为乌尔比诺公爵洛伦佐·德·美第奇的陵墓雕刻雕塑《晨》和《暮》。	1524	朱利奥·罗马诺移居曼托瓦，为费德里科·贡扎加效力，他建造的泰宫是他在曼托瓦的第一件杰作。帕尔米贾尼诺在罗马。
	1525	法国国王弗朗索瓦一世在帕维亚被查理五世打败。蓬托尔莫开始绘制圣费利西塔教堂（位于佛罗伦萨）的湿壁画。
他着手进行内穆尔公爵朱利亚诺·德·美第奇的陵墓工程，雕刻了《昼》与《夜》。	1526	结成反对查理五世的科涅克同盟。蓬托尔莫为佛罗伦萨圣费利西塔教堂画了《基督下十字架》。
随着美第奇家族被驱逐，圣洛伦佐教堂的新圣器室的修建工作被中断。	1527	查理五世的雇佣军制造了"罗马浩劫"：雅各布·桑索维诺和彼得罗·阿雷蒂诺逃往威尼斯。

艺术人生——米开朗琪罗 159

为费拉拉公爵绘制了一幅油画《丽达与天鹅》。忙于洛伦佐图书馆和新圣器室的修建工作。	1530	克莱门特七世在博洛尼亚正式为查理五世加冕,成为神圣罗马帝国的皇帝,而作为回报,查理五世答应为美第奇夺回政权。
为《禁止接触》绘制草图(由蓬托尔莫绘制完成)。	1531	亚历山德罗·德·美第奇在历经佛罗伦萨共和国的小插曲后回到佛罗伦萨。
画作《胜利》完工。他离开佛罗伦萨,前往罗马,计划创制《最后的审判》。	1534	克莱门特七世逝世,保罗三世(即亚历山德罗·法尔内塞)继位。依纳爵·罗耀拉创立耶稣会。
他开始在西斯廷礼拜堂尽头的墙上绘制《最后的审判》。	1536	卡尔文在日内瓦进行宗教改革。彼得罗·阿雷蒂诺出版了《谈论》一书。
安排卡比托利欧广场上马尔库斯·奥列里乌斯纪念碑骑马雕像。	1538	萨尔维亚蒂和加科比诺·德尔·孔特在圣乔凡·尼德克拉托的祈祷室工作。
他完成了《布鲁图斯》半身像,这座雕塑为红衣主教里多尔菲所作,从1539年开始雕刻。	1540	本韦努托·切利尼为法国国王弗朗索瓦一世效力。
10月31日,《最后的审判》掀开了面纱。	1541	达尼埃莱·达·沃尔泰拉接受委托,绘制《基督下十字架》(圣三一教堂)。
签订了有关尤利乌斯二世陵墓工程的最后一份合约。开始绘制保利纳小教堂的湿壁画。	1542	罗马异端裁判所成立。天主教改革运动的领袖人物红衣主教孔塔里尼逝世。
为尤利乌斯二世陵墓雕刻的雕像被放到指定位置。他完成了《圣保罗的皈依》(保利纳小教堂)。	1545	特伦托会议的就职演说会议:宣告了反宗教改革的开端。提香访问罗马。
开始绘制《圣彼得受难》(保利纳小教堂)。他被钦定为圣彼得大教堂的建筑师,开始设计穹顶。他完成了法尔内塞宫的设计。	1546	小安东尼奥·达·桑加罗逝世。朱里奥·罗马诺在曼托瓦逝世。瓦萨里在罗马秘书宫的"百日厅"绘制壁画。马丁·路德逝世。
开始雕刻《隆达尼尼圣殇》。维多利亚·科隆纳逝世,她是他的密友和通信者。	1547	亨利二世成为法国国王。查理五世打败了新教诸侯联盟。丁托列托画了《最后的晚餐》。
完成了罗马保利纳小教堂的湿壁画工作,开始雕刻《班迪尼圣殇》。	1550	保罗三世逝世,尤利乌斯三世继位。乔治·瓦萨里的《艺苑名人传》首版面世。
通往卡比托利欧广场的台阶建造完成。	1552	亨利二世与查理五世开战。
他在雕刻《班迪尼圣殇》(藏于佛罗伦萨圣母百花大教堂)。	1553	特伦托大公会议闭幕。
保罗四世钦定他为圣彼得大教堂的建筑师。	1555	《奥格斯堡和约》签订:查理五世退位。尤利乌斯二世逝世;他的继任者是保罗四世(俗名季安·皮埃德罗·卡拉法)。
他离开了罗马,前往斯波莱托。	1556	
往佛罗伦萨寄送了洛伦佐图书馆大台阶的模型。可能开启了《隆达尼尼圣殇》的雕刻工作。	1559	保罗四世逝世,教皇之位由庇护四世继承,他是卡洛斯·博罗梅奥的舅舅。
	1560	为卡特琳娜·德·美第奇设计了一座法国国王亨利二世的纪念碑。设计米兰大教堂贾科莫·德·美第奇·迪·马里尼亚诺的陵墓。为庇亚门草拟图纸。
他被任命为佛罗伦萨艺术学院的"总管",与科西莫一世大公一起管理这所艺术学院。	1563	艺术学院于1月31日在佛罗伦萨开业。
2月18日,他在罗马位于图拉真广场遗址附近的家中逝世,留下了尚未完工的《隆达尼尼圣殇》。	1564	达尼埃莱·达·沃尔泰拉,也就是人们所称的"内裤制造商",被委派给《最后的审判》中部分图像添画遮盖布,因为特伦托会议认为它们是淫秽的。

参考书目

Sources and monographs:
The best editions of the biographies of Michelangelo written by his contemporaries, Vasari (1550 and 1568) and Ascanio Condivi (1553) are: G. Vasari, *La vita di Michelangelo nelle redazioni del 1550 e 1568*, edited by P. Barocchi, Milan-Naples 1962, 5 vol.; G. Vasari, *Le vite de' più eccellenti pittori, scultori et architettori… di nuovo ampliate*, Florence 1568; ed. in *Le opere di Giorgio Vasari*, edited by G. Milanesi, Florence 1878-1885, 9 vol., I-VII, 1878-1881; G. Vasari, *Le vite de' più eccellenti pittori, scultori et architettori nelle redazioni del 1550 e 1568*, Florence 1550 and 1568; edited by R. Bettarini and P. Barocchi, Florence 1966-1987, 6 vol. (of the *Lives* only); A. Condivi, *Vita di Michelangelo Buonarroti*, Rome 1553, edited by G. Nencioni, with essays by M. Hirst and C. Elam, Florence 1998.
Among the monographs: Ch. De Tolnay, *Michelangelo*, 1945-1960; H. von Einem, *Michelangelo*, Berlin 1973; R. Clements, *Michelangelo. Le idee sull'arte*, Milan 1964; J. Ackerman, *L'architettura di Michelangelo*, Turin 1968; *Michelangelo architetto*, edited by P. Portoghesi and B. Zevi, Turin 1964.
Among the popular works: B. Nardini, *Michelangelo. Biography of a Genius*, Florence 1999; M. Bussagli, *Michelangelo*, Florence 2000; *Exploring David. Diagnostic Tests and State of Conservation*, edited by S. Bracci, F. Falletti, M. Matteini and R. Scopigno, Florence 2004; C. Gamba, *Michelangelo*, Milan 2004; E. Capretti, *Michelangelo*, Florence 2006; C. Acidini Luchinat, *Michelangelo pittore*, Milan 2007; P. Dal Poggetto, *Michelangelo. La «stanza segreta». I disegni murali nella Sagrestia Nuova di San Lorenzo*, Florence 2012.
A fundamental support for the chronology of Michelangelo is K. Weil-Garris Brandt and N. Baldini in the catalogue of the exhibition *Giovinezza di Michelangelo* (annotated chronology), Florence 1999.

Catalogues of exhibitions:
Some exhibitions have provided an occasion for revisiting and closely examining the salient aspects of Michelangelo's biography, among them his apprenticeship and early activity: *Michelangelo e i maestri del Quattrocento*, edited by C. Sisi, Florence 1985; *Michelangelo e l'arte classica*, edited by G. Agosti and V. Farinella, Florence 1987; *Il giardino di San Marco. Maestri e compagni del giovane Michelangelo*, edited by P. Barocchi, Cinisello Balsamo (Milan) 1992; *The genius of the Sculptor in Michelangelo's Work*, Montreal 1992; M. Hirst, J. Dunkerton, *Making and Meaning. The Young Michelangelo*, London 1994 (Italian edition, Modena 1994); *Giovinezza di Michelangelo*, edited by K. Weil-Garris Brandt with C. Acidini Luchinat, J. D. Draper, N. Penny, Florence-Milan 1999; *Michelangelo: grafia e biografia di un genio*, edited by L. Bardeschi Ciulich, Milan 2000; *Vita di Michelangelo*, edited by L. Bardeschi Ciulich, P. Ragionieri, Florence 2001; *L'ombra del genio. Michelangelo e l'arte classica a Firenze, 1537-1631*, edited by M. Chiarini, A. P. Darr, C. Giannini, Milan 2002; *Michelangelo: grafia e biografia. Disegni e autografi del maestro*, edited by L. Bardeschi Ciulich, P. Ragionieri, Florence 2002; *Venere e Amore. Michelangelo e la nuova bellezza ideale/Venus and Love. Michelangelo and the new ideawl of beauty*, edited by F. Falletti, J. K. Nelson, Florence 2002; *Michelangelo tra Firenze e Roma*, edited by P. Ragionieri, Florence 2003; *La Sistina e Michelangelo. Storia e fortuna di un capolavoro*, edited by A. De Strobel, G. Gentili, Milan 2003; *Vittoria Colonna e Michelangelo*, edited by P. Ragionieri, Florence 2005; *Il volto di Michelangelo*, edited by P. Ragionieri, Florence 2008; *Michelangelo architetto a Roma*, edited by M. Mussolin, Cinisello Balsamo (Milan) 2009.

PHOTOGRAPHS

Giunti Archives, all of the photographs published except for:
Cover: ©Alamy/IPA
Giunti Archives/Rabatti-Domingie, Florence: pp. 2, 6, 12, 13, 25, 26up.-right, 27, 31, 32, 38up.-left, 40 left, 47up., 47dw., 58, 59, 60,61, 63, 65, 66, 67, 68, 69, 100, 102dw., 103, 104, 105, 106, 107, 108, 109, 110-111, 112, 113, 114, 115, 116, 117,119, 121, 122, 123, 147.
Giunti Archives/Antonio Quattrone, Florence: pp. 49 left, 49 right, 51, 53, 55, 57.
Photo Vasari, Rome: pp. 80, 81.
Humberto Nicoletti Serra/Rome: pp. 142, 143 left, 143 right, 144.
Ted Spiegel/Corbis Historical/Getty Images: p. 148.
Vatican Museums: pp. 41, 44, 76, 78, 86, 88, 90-91, 96-97, 124, 127, 131, 135, 136, 137, 139, 140, 141.

As concerns rights to reproduction: the publisher declares its willingness to settle any charges due for images for which it has been impossible to determine the source.
As concerns captions: when not otherwise indicated, the work forms part of a private collection.

图书在版编目（CIP）数据

米开朗琪罗 /（意）恩里卡·克里斯皮诺著；朱旭玲译. — 西安：太白文艺出版社，2019.3
（艺术人生）
ISBN 978-7-5513-1550-0

Ⅰ. ①米… Ⅱ. ①恩… ②朱… Ⅲ. ①米开朗琪罗（Michelangelo, Buonarroti 1475—1564）—生平事迹 Ⅳ. ① K835.465.72

中国版本图书馆 CIP 数据核字（2018）第 273736 号

For the original edition
Original title: "Michelangelo" by Enrica Crispino
Copyright: © 2010 by Giunti Editore S.p.A., Firenze-Milano
www.giunti.it
The simplified Chinese edition is published in arrangement through NiuNiu Culture.

Chinese language copyright © 2019 by Phoenix-Power Cultural Development Co., Ltd.
All rights reserved.

著作权合同登记号　图字：25-2018-005 号

艺术人生
米开朗琪罗
MIKAILANGQILUO

作　者	[意]恩里卡·克里斯皮诺
译　者	朱旭玲
责任编辑	王婧殊
特约编辑	时音菠
整体设计	Metis 灵动视线
出版发行	陕西新华出版传媒集团
	太白文艺出版社（西安市曲江新区登高路1388号　710061）
	太白文艺出版社发行：029-87277748
经　销	新华书店
印　刷	北京天恒嘉业印刷有限公司
开　本	787mm×1092mm　1/16
字　数	71千字
印　张	10.25
版　次	2019年3月第1版　2019年3月第1次印刷
书　号	ISBN 978-7-5513-1550-0
定　价	79.80元

版权所有　翻印必究
如有印装质量问题，可寄出版社印制部调换
联系电话：029-81206800